小微企业管理培训丛书

丛书总主编：王国成　葛新权　廖国鼎

人的能耐有多大

—— 发挥员工个性特长的行为管理

王国成 ◎ 编著

BEHAVIOR MANAGEMENT
BASED ON PERSONALITY AND POTENTIAL

经济管理出版社

ECONOMY & MANAGEMENT PUBLISHING HOUSE

图书在版编目（CIP）数据

人的能耐有多大?：发挥员工个性特长的行为管理/王国成编著.—北京：经济管理出版社，2016.12

ISBN 978 - 7 - 5096 - 4645 - 8

Ⅰ.①人…　Ⅱ.①王…　Ⅲ.①企业管理—人力资源管理—研究　Ⅳ.①F272.92

中国版本图书馆 CIP 数据核字（2016）第 237835 号

组稿编辑：谭　伟
责任编辑：杨国强　张瑞军
责任印制：黄章平
责任校对：张　青

出版发行：经济管理出版社
　　　　　（北京市海淀区北蜂窝 8 号中雅大厦 A 座 11 层 100038）
网　　址：www. E - mp. com. cn
电　　话：（010）51915602
印　　刷：北京晨旭印刷厂
经　　销：新华书店
开　　本：720mm×1000mm/16
印　　张：13.25
字　　数：191 千字
版　　次：2017 年 1 月第 1 版　　2017 年 1 月第 1 次印刷
书　　号：ISBN 978 - 7 - 5096 - 4645 - 8
定　　价：48.00 元

人人英才，人职匹配

——写在前面的话

能来到世上的每一个人，天生就是一位幸运儿和优胜者，从娘胎里携带着独一无二的天赋并积蓄着足量的潜力，注定在后天的一生中能创造出更加辉煌的成就！

由此，每个人都可能成为英才，或者说具有英才的潜质，关键是成才需要什么样的条件，我们应如何把握这些条件，个人的行为如何与条件和机遇相结合？

人的行为天性中有善有恶，自利与利他等多属性同体并存。例如，今天在这种场合你看到我善良的一面，而另一情景中、在其他人面前我又可能会暴露出丑恶的一面。这究竟受什么支配，什么样的条件下可能诱发出人的哪种（些）行为，什么情况下别人的成功行为我可以复制，他人的教训能否让我少交学费，等等。

对这类问题，现有的人力资源管理、人才学，以及相关的企业管理、行为与实验经济学、博弈论、心理学、行为科学等，在单学科中难以找出现成的答案和做法，这需要跨界、需要从我们自己的实践中总结提炼。企业的发展，人生的航船，在某种场合和面临决策时，不同的目标难以统一或取舍、几种属性都可能表现出来时，人很容易彷徨、纠结。不是行为太随意，不是行为太难以捉摸，而是我们认识行为的理论和方法太理想化、太幼稚、太单一，把行为和条件分开看了。如何能更好地认识到自己的行为特点，帮助人们管好自己的行为，笔者编著了这样一本实用的行为指导书。

让我们先从经典的管理实验说起。

（一）泰勒科学管理的三大实验

泰勒先生是现代科学管理之父，一个影响了流水线生产方式产生、影响了人类工业化进程的人，同时也是一个被工人称为野兽般残忍、与工会水火不容的人，以及一个被后来的现代管理学者当作靶子不断批判的人。他所进行的三大实验，对科学管理的发展产生了至关重要且意义深远的影响。

（1）搬铁块实验。1898 年，泰勒在伯利恒钢铁厂进行了一项实验。这个工厂的原材料是由一组工人天天搬运的，每人每天搬运的铁块重量约 12～13 吨，平均每人每天赚 1.15 美元，也有相应的辅助惩罚措施。后来泰勒重点观察研究了 75 名工人，对其中的 4 名工人进行了深入细致的研究，调查了他们的家庭背景、生活习惯和工作目的，挑中了一个叫施密特的人，其最符合实验的要求，泰勒要求这个人按照新的标准工作，每天给他 1.85 美元的报酬，并有意改变各种工作条件和影响因素，以观察这些外部环境对生产效率的影响。例如，把行走速度和搬运重量、劳动时间和休息时间很好地搭配起来，工人每天的工作量可以提高到 47 吨也不感到太疲劳。工厂推广采用了计件工资制，工人们以施密特为榜样，每天搬运量也达到了 47 吨，工资也升到 1.85 美元，劳动生产率提高了很多。如此，很好地挖掘了工人的潜能，让他们自愿地提高了劳动强度，同时他们也赚到了更多的钱。

（2）铁锹实验。原来工厂里工人干活是自己带大小不同的铲子，而且是用同样的铲子铲不同的原料，那么在铲煤沙和铲铁砂时，同样是一锹，重量可就大不相同了。泰勒研究发现每个工人平均能铲 21 磅，于是就让工厂统一准备了一些不同的铲子，每种铲子只适合铲特定的物料，这不仅使工人每铲都达到了 21 磅，而且由于工具顺手，铲的速度也加快了。为此泰勒还专门建立了一间大库房，里面存放各种工具，不同的工具用来铲不同的原料，让每一锹都能铲 21 磅。同时分工明确，事先告诉工人，干多少活就会有多少收入。实验结果是：实验前，干不同的活拿同样的锹，铲不同的东西每锹重量不一样，应当让

图 0 - 1　搬铁块实验

每一铲都尽可能达到最大重量；实验发现 21 磅时效率最高，而且铲不同的东西应拿不同的锹，结果劳动效率得到显著提高，据说这一项变革就为该工厂每年节约 8 万美元。这有力地验证了工具和技术进步对提高劳动生产率的作用。

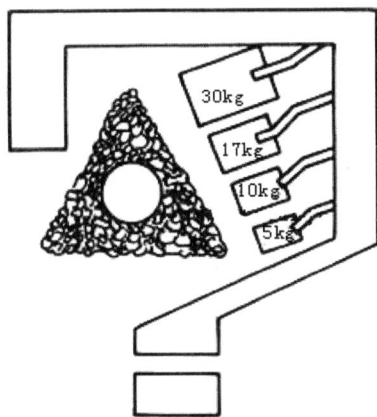

图 0 - 2　铁锹实验

（3）金属切削实验。1881 年在米德韦尔公司，泰勒为了解决工人的怠工问题，进行了金属切削实验。泰勒自己具备一些金属切削的作业知识，于是他对车床的效率问题进行了研究，开始了预期 6 个月的试验。在用车床、钻床、刨床等机床工作时，要决定用什么样的刀具、多大的速度等获得最佳的切削加工效率。这项实验非常复杂和困难，原来预定为 6 个月实际却用了 26 年！花费了巨额资金，耗费了 80 多万吨钢材，总共耗费约 15 万美元。最后在其他专家的帮助下，终于取得了重大的进展。这项实验还获得了一个重要的副产品——高速钢的发明并取得了专利。该项实验进行了 3 万次，结果发现了能大大提高金属切削机工产量的高速工具钢，并取得了各种机床适当的转速和进刀量以及切削用量标准等资料；确定了人动时间和机动时间，并用获得的专利收入和实验结果宣传和支持科学管理。

图 0 - 3　金属切削实验

（二）霍桑实验与霍桑效应

霍桑实验是继泰勒实验之后的另一项产生重要影响的科学管理实验。从 1924 年开始到 1932 年结束，9 年的时间内，在美国西方电器公司所属的霍桑（Hawthorne）工厂进行，主要由哈佛大学的梅奥教授（George Elton Mayo）主持开展。该实验前后共进行过两个回合：第一个回合是 1924 年 11 月至 1927 年 5 月；第二个回合是 1927 ~ 1932 年。整个实验前后经历了四个阶段。

图0-4 霍桑实验和霍桑效应

阶段一，车间照明实验。照明实验的目的是为了弄明白照明的强度对生产效率所产生的影响。这项实验前后共进行了大约两年半的时间，然而照明实验进行得并不理想，其结果令人迷惑不解，因此有许多人都退出了实验。

阶段二，继电器装配的"福利实验"。1927年，梅奥接受了邀请并组织一批哈佛大学的教授成立了一个新的研究小组，开始了第二阶段的"福利实验"。

"福利实验"的目的是为了能够找到更有效地控制影响职工积极性的因素。梅奥等对原先的实验结果进行归纳，排除了四种看起来很直观的假设：①在实验中改进物质条件和工作方法，可导致产量增加；②安排工间休息和缩短工作日，可以减轻甚至解除疲劳；③工间休息可减少工作的单调性；④个人计件工资能促进产量的增加。最后得出"改变监督与控制的方法能改善人际关系，能改进工人的工作态度，促进产量的提高"的结论（这其中蕴含着要把工人当人看，而且人的影响因素是复杂交互的）。

阶段三，大规模访谈计划的"访谈实验"。既然实验表明管理方式与职工的士气和劳动生产率有密切的关系，那么就应该了解职工对现有的管理方式有什么意见，为改进管理方式提供依据。于是，梅奥等据此制定了一个广泛征询职工意见的访谈计划，在 1928 年 9 月到 1930 年 5 月不到两年的时间内，调研人员与工厂中 2 万名左右的职工进行了访谈。

在访谈计划的执行过程中，调研人员对工人在交谈中的怨言进行分析，发现许多情况下引起他们不满的事实与他们所埋怨的事儿并不见得是一回事，工人们说出来的不满与隐藏在心理深层的埋怨情绪并不总是一致的。比如，有工人表现出对计件工资率过低不满意，但深入了解后发现，这位工人是想尽量为妻子多挣些医药费。由此认识到，工人由于关心自己个人问题而会影响到工作的效率。所以工厂管理人员应该了解工人的实际情况，能够倾听并理解工人，能够重视人的因素，在与工人相处时更为热情、更为关心他们，这样能够促进人际关系的改善和职工士气的提高。

阶段四，继电器绕线组的"群体实验"。这是一项关于工人群体的实验，其目的是证实在前期实验研究中似乎感觉到的：在工人当中可能存在着一种非正式的组织，而且这种非正式的组织对工人的态度有着极其重要的影响。

实验者随机地在车间中挑选了 14 名男职工，其中有 9 名绕线工，3 名焊接工，2 名检验工，让他们在一个单独的房间内工作。实验开始时，研究人员向工人说明，实行计件工资制，多劳者多得。按一般理论来说，实行这套办法会使得职工更为努力地工作，然而结果却出乎意料。事实上，工人实际完成的产量只是保持在中等水平上下，而且每个工人的日产量都是差不多的。这是什么原因呢？研究者通过观察，了解到工人们自动限制产量的理由是：如果他们部分人过分努力地工作，就可能造成其他同伴的失业，或者公司会制定出更高的生产定额。

研究者为了了解同类工种和不同工种之间的能力差别和对群组的看法，还对实验组的每个人进行了灵敏度和智力测验，测验的结果和实际产量之间的某种关系使研究者联想到群体对这些工人的重要性。若 1 名工人可以因为提高自己的产量而得到小组工资总额中较大的份额，而且减少失业的可能性，那么这些物质上的报酬会带来群体非难的惩罚，因此每天只要完成群体认可的工作量就可以相安无事。即使在一些小的事情上也能发现工人之间有着不同的派别，而且不同的群组关心的问题也可能有所不同。显然，实验假设的各项条件并非影响生产效率的唯一或决定性因素，梅奥教授以及他的助手们所做的解释是，受试的工人对于新的实验场景处理会产生正向反应，会随环境的改变而改变自身行为。所以绩效的提高，并非完全由实验操控造成。这就是霍桑效应。

管理实验原来是这么兴起的，那当今的行为管理实验估计也不过如此。上面介绍的几个经典的管理实验，为后人开启了研究行为特征和管理决策的先河和智慧。这些实验以及后继者们所做的相关研究工作表明：管理中人的行为毫无疑问是最复杂的，想要彻底弄清楚是极其困难的；但人的行为也确实可逐步弄明白一些的，尤其是用实验方法，能把特定场景下的具体行为摆弄和认知得更透彻。实验方法最大的特点和优势就在于：实际是什么样就什么样，我该怎么做就怎么做，不再一味地抽象拔高、一概而论，得出什么一般性规律。理论关注共性和一般规律，而实验更侧重发现个性、验证理论、补充理论、更有针对性地应用，所得结论更加直观可信、更容易弄懂，也好记好用。

一放假就回家

图 0-5　一放假就回家

以管理中的行为实验来说，其主要目的是发现真实的个性。个性是资源，个性是财富，个性是动力，个性是方向；尊重个性，了解个性，汇聚个性，引领个性。老板的个性差异，直接影响到企业的发展战略和路径选择；有了行为大数据，可分析消费者的个性化需求，从而进行精准营销，可分类定向地对客户关系进行和谐管理，使各有特色的员工更好地凝聚起来、形成积极向上的企业文化。读懂了一个人的个性，就读懂了这个人的行为；行为能告诉我们一切，行为能决定一切；把控住了行为，就把控住了一切；找到了个性和潜质，就找准了成为英才的起点和方向！

对于中小企业和草根企业家来说，一般、规范的企业让我们照着去做，一是我们不具备那样的实力、条件和社会资源；二是若有同行们硬是照着做了，往往阻力更大、困难更多、死得更快。毫无疑问，我们也想紧跟时代升级换代，也想业态转型，也迫切需要现代化管理……可本来是具有船小好掉头、善于灵活应对、管理成本小、直接见效快等个性化优势和特点，而一味地按统一模板和标杆去做，抹杀与磨灭独特优势，岂不是舍近求远、扬短避长了，这种境况下，还能让我们活得更好，岂不怪哉?!

我们需要宏观大势、一般理论和共性知识的武装与提升，但我们更需要个性化的指导、个案式的借鉴、个微中的启发、一个个点上的成功！让我们去做不熟悉、不适应的事，不用说会更迷茫、更纠结，困扰多年的经营、融资、研发、创新、制度建设和素质提高等方面的先天不足和现实问题也会越理越乱。既然我们创办起了企业，能创造出哪怕是一时的辉煌，那也只说明我们有能力和潜力，在今后有可能创造更耀眼的辉煌和成功。只是让我们感觉到能从我们自己面临的境况、我们自己的做法，去发现我们的特点，找到当今时代背景下适合我们做的事情和做法，真正能对我们说得通的"道道"还太少，见实效的就更少。而我们深知，中小企业中人的因素更突出，要想把企业做好，要想找出企业的特点，必然是要把企业中的人调动好、引导好。这一切，都要从切实地发挥人的个性和特长做起。

对于求职者，尤其是对大学应届毕业生来说，我们不情愿做蚁族和北漂，我们也不愿意"要么在应聘，要么在应聘的路上"那样疲于奔波，也备尝了赶制和粉饰简历的酸甜苦辣，更不是心甘情愿地"啃老"，我们的等待、观望和彷徨，只是想知道自己适合做什么，还会不会有更好的机会，未来职场的路怎样才能走得更好？

不要说身体健全且获得了高等教育文凭的人，即使是大多数残疾人，也能创造出比自己的必要消费更多的价值。事后对社会、市场和已受过的教育等埋怨和发牢骚，除了情绪宣泄，其他一点儿用都没有。谁都不想虚度青春，谁也不愿意拿自己的一生押宝在陈旧的观念上，还是因为同样的一点，我怎么知道自己的个性、潜力和特长，更适合去做什么，我的潜力有多大、在今后的职场上能干到什么程度？我们只是想比父辈和兄长们更看重那份感觉、更渴求活出自我。

人的一生在重要的抉择关口时，常常会彷徨、纠结。有什么方法能在关键的临界决策时助你一把？而关键决策时个性又起着关键作用，而关键的又是你不能（相对）确切地知道你的个性究竟如何。

图 0-6　爱

摆在你面前的这一读本，是实用手册、普及读物与经济管理前沿研究结合的产物，围绕着如何通过行为实验和行为管理，找到和发挥个性潜力，意图让读者用较少的时间掌握对路实用的知识、实际中好用又见效。

　　资源、资金、产权、制度、时间、信息和技术等生产要素，都要通过行为对经济和人类社会活动起作用，都是人的行为结果或在行为驱使下流动的，就连资源和时间等自然存在的东西也不例外；对目标、时间、进程、要项、环节等方面的管理以及协调管理等，也需要通过行为来实现，行为是管理活动的主轴线和总枢纽，是根基和源头。离开人（行为），什么要素都玩不转；没有相应的要素和条件因素，人也将一事无成，关键是两方面的协调匹配。如何才能知道自己的潜力和优势在哪儿，如何才能找准适合自己的职业岗位，如何才能在职场上干得更好；企业如何能在更短的时间内，用更低的成本，招到更合适的人，并能让他们安心工作，有效调动他们的积极性，为企业发展做出更大贡献？我们研制开发的"找对了"系列产品（HRM2.0），只需要简单轻松地在对应的行为能力测评表格上勾勾画画，坚持时日，就会惊奇地发现，自己的方向更明了，能力提高了，信心更足了；企业招人看得更准了，对员工的激励更有效了，管理更省心了。如此，力促人资管理由满足单边需求的"包办婚姻"迈入双方互动的"自由恋爱"新时代，实现应聘方和招聘方（职场人与企业方）的双向精准匹配，助力人人实现英才梦。

　　每个人的天赋、潜质和才能不会完全相同，即使包含相同或类似的行为属性，但各自看重的事儿不尽相同，发挥和实现优势的条件也不可能相同。真正在实用中用得好的，必然是个性化、针对性强，又能与一般性相融的行为能力。本书介绍和分享的行为能力实验测评，既可以是自我日常行为的自然或实地实验测评，也可以通过游戏、场景模拟的实验室测评，还可以由专项的专业测评机构完成。书中有作为行为管理理论支持坚实基础的说道篇，有实用上手的行为能力分解的分项测评的工具篇，还有供分享借鉴的经验案例篇，有助于我们每一个人认清自我、把握自我、战胜自我、成就自我、超越自我。

　　当然，实验是有明显局限性的，结论也只是具备一定的参考价值，关键是，理念上有根本转变和提升，手段上有实质性进步，实效上有大幅度提高，而且不需要占用多少时间、不用增加什么成本，只要有心，坚持去用，肯定会收到显著的行为改善效果。

本书所引用的文献资料及图片等，均取自开源的共享数据库、网络和官方网页等，并且尽可能地按规范和惯例注明出处。作者以各种方式对本书做出贡献和提供帮助的同行同事、亲朋好友，以及对部分未能查找到原始出处的相关文献的作者等，在此一并表示衷心的感谢！

致谢：（提供资助、出版社等，可能以后会有增补）

中央电视台的一档大型综艺娱乐节目，有一句叫得挺响的口号：是金子总会发光的！而我们的"人人英才、人职匹配"理念的境界含义更深、叫得更响：人人都会发出金子般的光芒，匹配就是为您提供精准的光源和角度。我们正在做的事情和为之奉献的事业，比现存的各种类型的企业和组织形式（当然包括互联网企业）都更贴近人、更接地气，也会更加久远；能为现有业态和各类经济活动赋予新的含义，开辟新的空间，蕴含更大的价值；也必定会为艰难跋涉中的企业（家）、求职者、职场人和创业者注入新动力，增添新能量，使信心和步伐更加坚定。

"人人英才、人职匹配"，有志成为英才，有意发出金子般光芒的人，就应该主动地进行自我行为管理，本书会告诉你一些行之有效的方法，那么，就请您接着看看、试试……

作者

2016 年 8 月于北京

炎黄英才研究院

目　录

工具篇

案例篇

说道篇

工 具 篇

　　"老板是怎样炼成的"，"机遇究竟偏爱什么样的人"，"幸福去敲谁家的门"这些根本点都落在了行为上。然而，对行为特征和能力进行测评，非常有必要但又非常的困难，不仅是心理学、行为学和人力资源管理等相关学科领域的研究内容，其实，每一个人都想掌握这般工具和手段，无论是在工作、生活、学习以及情感等方面的行为认识和把握，都希望既有效，又方便，还靠得住。

一、行为能力实验测评

　　一方面是求职者说找工作好苦好累，另一方面企业又总是抱怨招不到人、留不住人，这全是行为惹的祸，因为不同人的行为很难用统一的标准衡量评价，更难的是通过行为就把人看准了，知道把什么样的人放在什么工作岗位上、怎样才能做得更好。

　　人的行为无疑是复杂的，衡量能力不可能那么简单。若像研究客观事物那样，建立严格的维度、公认的指标体系和量化尺度的方法来测评人的行为是远远不够的，也难以做到，一些重要的行为特征很可能被掩盖住和抹杀掉。但行为既然有不同的属性类型，有能力大小和程度上的差异，就可根据实际问题及人的发展的需要，分解出和选择关键特征，能相对容易聚焦和控制在某些感兴趣的行为属性上；在一定的条件和场景下，可重复观察，可类比对照，就可以测度出行为能力的大小，排出顺序，看行为是改善了还是变坏了，能力是提高了还是降低了，做法是进步了还是退步了。所以，行为能力是可以通过实验等科学方法测评出来的，行为是可逐步认知的。

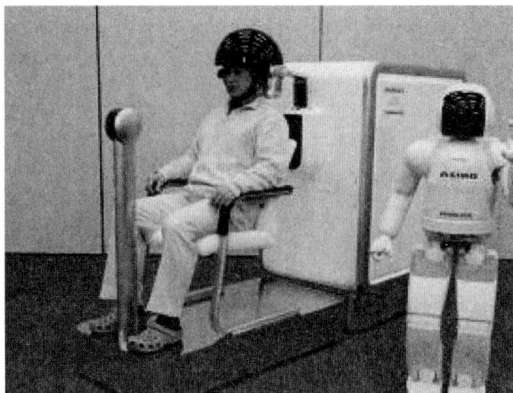

图 1-1　行为实验

（一）行为能力实验测评说明和用法

笼统地说，一个人的能力大小和强弱是很难看准的，也很难让人服气。我们在对一般性的心理测试、IQ 和 EQ 类专项测评、人力资源管理的常规做法以及文化水平、专业技能、体力、智力和情感培训提高的基础上，更加科学合理地分类分解和细化能力，又注意到能力结构和各项能力之间的关联，用真实场景的自然实验、实验室的受控实验、拓展的问卷调查和计算机辅助等相结合的方法，更具针对性地就具体的被试对象、特定场景、特指能力，相应的测评形式、指标、标准和评价方法，并注重人的行为和实现条件两方面的匹配关系，设计出行为能力实验测评系列产品，并不断在应用中加以检验、修正和提升。

下面选列一些行为能力测评的实验方法、步骤和操作表格。所列出的行为能力测评项，可能是一个人能力素质的基本构成内容，反映出较常见的职业岗位对应聘者能力的共同需求，包括了一些特需的能力测评项目和内容，也顾及到实验方法应用的成熟程度。读者可根据需要和兴趣，选择一些最需要了解、最需要提高的行为测评项目；应聘求职者可以很方便地自测看自己的个性特色和潜力，以便找更合适的工作；招聘方可以借助这些实验测评工具选人招人，将合适的人放在合适的位置上。

行为能力测评工具和表格都很简单，用起来很方便，效果又很明显，主要是将人力资源管理、心理学、行为与实验经济学及行为科学等相关的理论方法结合起来，以便于操作实现的方式提供给大家。所测评的项目和内容更符合职业岗位和人的发展的需求，与我们所处的真实背景和行为习性更吻合，还列出一些样例供参照和扩充。实测的过程中只需要在对应的表格和项目中简单地勾勾画画、涂涂填填，就能清楚地知道哪种能力指的是什么，适合做什么，自己在这方面是否具有优势，该如何提高，等等。再参照本书案例篇中的一些经验和做法，在实用中会很容易操作，能收到比较理想的效果。

比如，刘先生想应聘某企业的销售经理职位，自己究竟适不适合这份儿工作、工作起来能不能称心？刘先生可先对必要的行为能力项自测和自我评估一下，看自己的能力和潜质是否比较接近这类工作岗位的要求，自己在哪些方面可能会有优势？"不打无准备之仗"，这样心里就比较有底了，就能找得顺心、干得安心。

对企业招聘方来说，可根据岗位职责要求，对刘先生等应聘者就沟通（表达）、应变、亲和、敬业等具体的行为能力和性格特征进行实验测评，同时考虑前期经验、团队文化、管理者偏好等因素对各分项能力赋予不同的权重，对应聘者的行为能力和胜任度进行综合评估；然后，再与同类竞聘者进行比较客观科学的对比评价，选出最适合本企业需求的竞争优胜者，如此才能真正把合适的人放在合适的岗位上。

于是，实验测评匹配的做法，能使双方找到行为契合点和利益共同点，以此方式作为载体和平台逐步沟通接近，双方都能比较清楚地知道哪些是行为强项，是企业和岗位最需要的，哪方面是比较弱、需要改进的；该用什么方式、往哪儿靠……？这是成本小、时间短、见效快又靠谱的做法，能对价值取向、职业技能、性格特征、行为习惯、文化融合等进行全面的考察，实现双向精准匹配，化冲突挑剔为相容共进，达到个人舒心、企业放心。

如何通过行为能力实验测评更好地实现精准匹配呢？不仅要有符合人文行为特点的结构化试题体系和指标设置，还一定要看行为表现与对应的环境条件的关系（即是在什么情况下有这样的行为表现）和平行比对（受试者和情景替换）来分析看待结果。

需要说明的是，行为实验测评的目的是为了人职精准匹配。由于人的行为和现实情况的复杂性，分项行为能力的测评中内涵的提炼、外延边界的界定以及交叉关系等，都不可能有绝对的、严格的和唯一确定的解析优化解，只是便于得到一定范围和区间内的行为匹配方案。虽然，行为实验方法的目的、原理、核心的设计和具体操控实施等，如今已有相对规范和成型的模板、流程等，在此不专门展开。所以，本书中每项行为能力的测评中，只给出简明的样例以便扩展，实际应用时的测评题目是要个性化定制的，而且还要适时的动态调整；即使我们在案例篇中附上了一些可供参考的测评题目，但还远远不够，根本不可能覆盖现实中可能出现的情况和企业岗位的千变万化的需求。后文有选择地介绍部分行为能力的界定和实验测评,主要是便于读者掌握行为实验测评和行为匹配的基本方法。

(二)行为能力实验测评选介

注意考察测评目的、题干和选项之间的对应关系,相应地设计博弈局势、游戏场景等,观察和分析受试者的行为感知、社会认知、认知心理、深层感知……(由于场景的复杂性和目标的多元性,一般不倾向于给出标准的行为答案)

1. 观察力实验测评

观察力,一类特指的感知能力,是指人在感知活动过程中通过眼、耳、鼻、舌、身等感觉器官准确、全面、深入地感知目标对象的特征的能力,与认知、思维、学习记忆和注意力等密切相关。

主要表现形式:静视(一目了然);行视(边走边看);抛视(天女散花);速视(疏而不漏);统视(尽收眼底);等等。

图1-2 树上有几只鸟?

试题样例:

1)到一个陌生的地方,你第一眼看的是什么?

a. 布局

b. 整洁度

c. 物品

d. 光亮

2）当你坐上公共汽车时，你：

a. 谁也不看

b. 看看谁站在旁边

c. 与离你最近的人搭话

3）假如朋友带你去玩一个游戏，而这个游戏你又不会玩，这时你：

a. 试图学会玩并且想赢

b. 借口过一段时间再玩而给予拒绝

c. 直言你不玩

4）你在摆好饭菜的餐桌前：

a. 赞扬菜品的精美之处

b. 看看人们是否都到齐了

c. 看看所有的椅子是否都放在合适的位置上

2. 判断力实验测评

所谓实践判断能力，指的是一个人在实践过程中处理实际事务的判断方式和决断能力。实践判断建立在事实判断和价值判断基础之上，是根据现实环境和具体条件而做出的一种综合判断。

事实判断、价值判断、实践判断是三种不同的判断方式，其中又具有内在的统一性。其中，事实判断从客体出发，以真实性为判断依据，是科学思维的具体体现；价值判断从主体出发，以价值观念和价值需要为判断依据，是价值思维的具体体现；实践判断则从主客体的统一为出发点，以现实环境和具体条件为判断依据，是应变思维的具体体现。

当遇到矛盾冲突的时候，如何把握矛盾的力度、适度、量度、角度等关系，进而把事情处理到恰到好处？这是实践判断的要旨。需要多种判断能力的综合，要有果敢的决断力。一个人的科学思维水平决定了他的事实判断能力；价值思维水平决定了他的价值判断能力；应变思维水平决定了他的实践判断能力。

实验测评的场景设置

1）会场上，一群人看来很随意的位置，能否从与会人员的手势、姿态和表情的理解把握，从对话中判断人物关系及言下之意；

2）从某种真实的市场特点和态势，找到感觉，进行判断；

3）面对自然状况时的联想，意想不到的情况发生时的应急反应；

4）当技术攻关遇到潜在困难时，如何判断业务发展趋势、宏观大势、某人的气场等感知……

---

3. 想象力实验测评

想象力是人在已有形象或散乱元素的基础上，在头脑中创造或构想出新形象的能力，包括由此及彼的联想、突发奇想和预见力。

爱因斯坦曾说过：想象力比知识更重要。因为知识是有局限的，而想象力形成的精神世界比整个宇宙还要大。依据想象力共性表现因素，并结合受试者想象力的个性表现，进行测评实验。个体的想象力是发散思维的重要特征，是创新创意的种子萌芽，没有想象力就没有创新能力。

图 1-3　想象力

试题样例：

对可能得到的职位和职场氛围的想象和描述。

对"不想当裁缝的厨师，不是好司机"和"羊毛出在狗身上，让猪埋单"这类网络流行语，你是怎么看待和理解的？

4. 承受力实验测评

承受力是个体对逆境引起的心理压力和负面情绪的承受及调节的能力，以及相类似的定力，主要是对逆境的适应力、容忍力、耐力、战胜力的强弱，进而找出压力源、原因（归因）和战胜办法，表现在心理、事业、生活和风险等方面，面对诱惑陷阱、困难重重、打击挫败、突降灾难、不实信息，以及成功、意外惊喜、机遇、梦寐以求的东西突然降临等状况时行为反应的方式和程度。

逆境强度是指引起逆境事物的严重程度及其对个体的打击程度；逆境的积累度是指逆境积累的次数；逆境的强度和积累度会导致个体的心理失衡。心理失衡是指个人在受到外界刺激时，主观和客观不统一引起的心理状态。每一次心理失衡会产生一次逆境感，心理失衡的次数多了，也就是挫折的积累度增强了，这势必会造成个体对挫折的心理承受力的降低或增强。

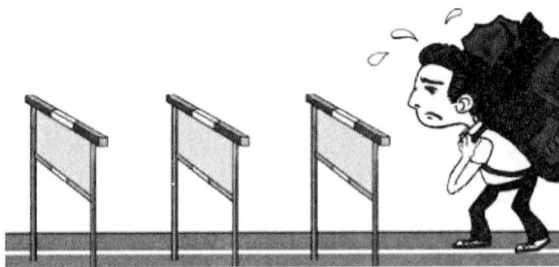

图 1-4 既然选择了远方，又何惧风雨兼程！

承受力可分为天性禀赋的绝对承受力，与自身基础和他人相比的相对承受力，以及学习调适中的动态承受力等。

试题样例：

人们常说，面对困难时，有多大的承受力，那么通往成功道路上就有多大的行动力；勇于承受、面对困难就意味着在心理上战胜失败。

那么，想知道自己在挫折面前有多么强大的承受力吗？快来做个心理测试吧！

你是一个跋涉在沙漠中的探险者，当你因为缺少进食而出现幻觉时，耳边出现了一段旋律使你重新在迷幻中清醒，那么请问，你认为那是一段什么旋律呢？

a. 清新的童声清唱

b. 充满异域风情的老者哼唱

c. 悠扬的笛子吹奏

d. 极富节奏性的铜铃声

可根据受试者的实际表现，将其承受力分为不同等级。

5. 沟通协调能力实验测评

信息时代的沟通，显然是信息的分享和交互，因而沟通能力应主要包含表达能力、吸引理解、辩解能力、倾听能力及设计能力（形象设计、动作设计、环境设计）等，是个人素质的重要体现；与此密切相关的协调能力是指决策过程中的协调指挥才能，遵循科学的组织设计和系统协调性原则，熟悉并善于运用各种组织形式和赋权指挥、控制有方，有机协调人力、物力、财力，以获得最佳效果。协调能力主要表现在人际关系协调、工作协调和日常事务协调等方面（可能会有交叉）。

图 1-5 协调

试题样例：

1）你正在主持一次重要会议，而你的一个下属却在玩手机，这时你会？

　　a. 幽默地劝告下属不要玩手机

　　b. 严厉地叫下属不要玩手机

　　c. 装作没看见

　　d. 给那位下属难堪，让其下不了台

2）当你正在说明自己的重要观点时，别人不专心听你说，这种情况下你会？

　　a. 仔细分析对方不听的原因，找个机会换一种方式说

　　b. 等等看还有没有说的机会

　　c. 不说了，但很生气

　　d. 马上气愤地走开

6. 创新能力或创业成功率实验测评

与想象力、执行力、不畏艰难和持之以恒的品质密切相关，应该说是高端综合能力，而且人天生都有创新、好奇的元素和细胞，就看如何与后天的条件和机遇相结合。

从行为分析角度看，创业者大致可分为理智型、探索型、稳健型、机遇型、无意型。成功实验是在特设的情景中，观察真实行为响应；明确分类和预见，提出相应的策略建议。

创业/创新的关键点是：有梦想（愿望）、有超人的奇想和潜力优势，能把握机会（对环境/他人和外界条件变化的评估、敏感及交互）和相关因素之间的匹配度（协调性）。而失败者最大的弱点在于放弃，放弃者最大的障碍就是不知道离成功有多远；成功的必经之路就是不断地重来一次，让我们用行为实验破解个性化的成功密码和迷宫钥匙。

通过创业实验(室/田)场景设计来观察评价创业/创新行为：

1）从不同的人、项目、资本的角度和展开路线；

2）幼儿园、课堂教学，新员工面临的选择和培训；

3）特定、可控的虚拟生活情景，无厘头、混搭的俏皮语句，寓言故事；

4）考察临界（关键）点的决策能力，画出创业成功素质雷达（饼）图。

7. 精力集中度实验测评

集中精力就是专注、专心致志和全神贯注。一个专注的人，往往能够把自己的时间、精力和智慧合理调配和凝聚到所要做的事情和关键点上，从而最大限度地发挥积极性、主动性和创造性，努力实现自己的目标。一般说来，精力集中度高，成功的可能性就大。显然，专注度与兴趣点和自制力密切相关。

图1-6　专注

如何提高自己的精力集中度？这需要：排除干扰和烦恼；消除身心疲惫、适时调节；尽可能在良好的环境中做事；逐步聚焦的引导性计划和有序的实施步骤；心理上的自我战胜。

试题样例:

1) 你觉得在做什么事儿上能比一般人更专心?

2) 你在什么场合、什么时间、做哪些事儿上更容易分心?

3) 你平常多采用什么方式能让你的精力更集中一些?

4) 你认为什么样的岗位、哪类人的精力更应该集中一些 (排序)? 文秘、研发、营销、作业员、管理者……

8. 应变能力实验测评

应变能力是指人在外界事物发生改变时所做出恰当反应的能力,可能是本能的,也可能是经过大量思考过程后所做出的行为决策。应变能力是人具有的基本能力,不同的人差异很大。应变能力主要表现在:突发事件的定力、局面控制力和信心;应对突变时的策略和创意;能审时度势和预见事态的变化,随机应变;在应对变动的过程中能辨明方向、稳定坚持。随着市场竞争的加剧,人们所面临的变化和压力与日俱增,每个人都可能面临择业、下岗以及意想不到情况的发生等方面的困扰。在当今社会中,我们每个人每天都要面对大量的信息,如何迅速地分析这些信息、把握时代脉搏、跟上时代潮流,需要我们具有良好的应变能力。

应变能力不同的人,选择职业岗位的侧重点是不同的。具有应变能力优势的人,更适合做销售、外联、多任务的同步传导辅助、协调管理类工作;应变能力优势不明显的人,适合做需要专心、重复、有序等类型的工作。在注意选择适合自己职业的同时,还要努力进行应变能力的培养,特别是需要对冷静、担当、忍耐、守底线、抓关键、灵活机智等方面能力的有意识的培养。

应变能力的主要构成和表现:

(1) 观察力——火眼金睛,不要只盯着事物的表面现象。

(2) 想象力——打破常规,想象有多远,你就能走多远。

(3) 判断力——谋定后动,把握事物做出正确决断。

(4) 记忆力——过目不忘,别让细节影响你的效率。

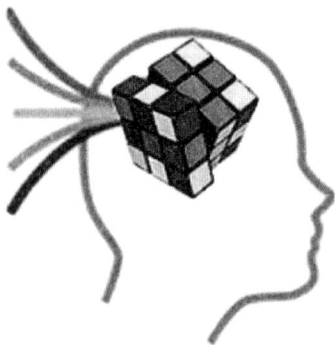

图 1-7　能力

（5）反应力——无速必败，很多事情都坏在反应不够快上。

（6）逻辑思维能力——运筹帷幄，思考的深度决定行动的高度。

（7）推理力——由此及彼，要有透视全局的推理能力。

（8）分析力——庖丁解牛，从事物的内部认识事物。

（9）计算力——巧思妙解，帮你提高解决实际问题的能力。

（10）创造力——锐意创新，领头羊能获利，跟风者被淘汰。

试题样例：

1）情景设计。假如你是一家小餐馆的老板，一天早晨，有位顾客跟你说要一个包子，你给他一个包子，他看到后说不要菜包，想要个馒头，于是，你给他一个馒头，他拿着馒头就走出了店门。

你追出去说，哎，你还没给钱啊！

他悠悠地说，给什么钱？馒头是我用包子换来的！

你说：那包子还没付钱啊？

他说，包子我退回给你了啊？

面对这种情况，你会如何反应？

2）你和你的一位发小/闺蜜都在找工作，双方都不愿意直接竞争和尽可能避免撞车。在一次机会不错的面试中，你突然看到他/她来参加这次面试了，他/她见到你也感到意外，这种情况下你会？

---

9. 自制力实验测评

自制力（行为自控力：Self - control）—— 自我引导、自我控制、自我激发的力量，是指一个人控制自己思想感情和举止行为的能力，其含义有自省、自律和自励。自制力几乎是一个人取得各种成功的通用技能（侧重对外界的行为响应，侧重实现自身内生目标的行为）。

自制力有限原理：人的自制力就像器官的功能和肌肉的力量一样是有上限的，且分布是不均衡的（不同的人、不同的对象上），但可以通过训练来提高。

试题样例：

若你参加一场宴会，当服务员端着果汁给你，而托盘里的杯子装有不同分量的果汁，你会选择哪一杯（假定这个时候你想喝这种饮料)？

a. 半杯

b. 七分满

c. 全满

d. 空杯，正准备要倒入

图 1-8 测试

参考答案：

a：做事非常谨慎，对金钱也同样谨慎，是一个对金钱欲望不太强的人；

b：凡事都留有后路，自制能力很强，会冒险交易，是对金钱欲望强烈且善于支配的人；

c：非常贪婪，对所有的东西都尽收眼底，对金钱的欲望极强以至贪婪；

d：对金钱的欲望非常强，却常常想搞清楚自己有多少钱，是一个很会赚钱的穷人。

10. 领导力实验测评

领导力（Leadership），是指在赋权授权范围内充分地利用条件，以最小的成本办成所需的事，提高整个团体的工作效率，是表现在多个方面的一种综合能力，与领导者所领导的团队和组织发展密切相关。领导力是决定领导行为的内在力量，是实现组织目标确保领导过程顺畅运行的主动力和正能量。

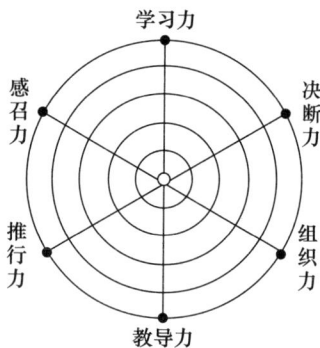

图 1-9　360°领导力

从以下几个维度来看领导力的含义和表现：

第一维度：明道——价值取向，包括自我领导，共启愿景和学习型组织。

第二维度：取势——趋势把握，包括战略思维，有效决策和创新与变革。

第三维度：优术——组织运营，包括绩效管理，制度构建和流程管理。

第四维度：树人——人才发展，包括识人用人，有效指导和激励人心。

试题样例：

1）为了避免与人发生争执，即使你是对的，你也不愿发表意见吗？　①是 ②否

2）你对反应较慢的人有耐心吗？　①有 ②没有

3）领导者与管理者是相同的吗？若不同，主要表现在哪些方面？

---

11. 执行力实验测评

执行力，简单说就是行动力，主要指有效利用资源和条件、保质保量地达成既定目标的能力，考察的是一个人贯彻战略意图、上级指示和自我目标、完成预期任务的操作能力，是把企业战略规划和目标转化成为效益、成果及文化的关键能力。

执行力大致包含：完成任务的意愿、完成任务的能力和完成任务的程度等。对个人而言执行力就是实际办事的能力；对团队而言就是凝聚力、协调力和战斗力；对企业而言主要指完成经营计划绩效的能力。

图1-10　执行力

为什么完美的设计思路和创意,常常会变成毫无意义的空想和空谈?为什么一些宏图大略在实际中未能收到预期效果,最终结果与预期相去甚远?为什么经过仔细论证的计划和行动方案无法达成预期的目标?为什么健全的规章制度和明确的岗位职责形同虚设?某些企业为什么会陷入"高层批中层,中层怪员工,员工怨高层"的怪圈?……

这一系列"为什么"的背后隐含着一个不容易被聚焦的重要现实,那就是:缺乏执行力!执行力是决定命运和成败的关键力量!让执行落地,将工作落实,没有执行力,一切皆空谈!100分的策略×0分的执行=0分的企业绩效!

> **实验场景设置:** 在逛超市、工作习惯和处理上下级关系等情景中考察。

12. 预见力实验测评

预见(判)力:对未来具有可预见性和可推测性,或者对未来可能发生的事情的预先判断和估计,或根据经验,或根据理论/科学,也包括历史逻辑和事实逻辑的推演,是由已知对未知、熟悉的对不熟悉的、浅层对深层、现象对本质等方面的推断。预先感知的时机、方式、灵敏度和所起的效果,预先的安排、防备和化解,从预兆、预感、预判到应对预案,都是预见力的重要组成内容。

图 1-11 预见力

类似的有洞察力，是指一个人多方面观察事物，从多种问题中透过现象认识本质、把握核心的能力。既有本能天赋，更多的是后天习得的。实践中表现为：常常能敏锐地发现别人尚未意识到的问题，而又能迅速准确地找到问题的本质。与想象力密切相关，借助但不依赖量化预测，还需要有博弈策略预测和综合预期等。

游戏场景设计样例：
1）拓展训练中可能发生的场景、状况的预感和临场反应；
2）为一幅隐喻未来的图画命题、添抬头、寓意。

13. 软实力实验测评

个人软实力（综合能力）可大致分为硬实力与软实力两个方面，硬实力是有形可见、可具体衡量、可观察验证的个人能力，如学历、技能证书、职业资格证书等，是本领高低的基本体现和常见载体；软实力是指难以估量的能力，往往是无形的和多方面综合表现的，比如思维情感、沟通表达、自身素养、学习适应、团队协作和综合协调等能力，是自信心、道德、修养和品行高低的体现，也包括人格魅力、个人形象、感召力、影响力及天赋等。

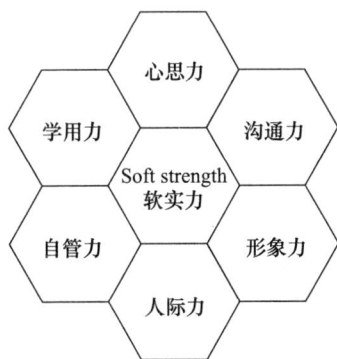

图 1-12 软实力

软实力主要表现在以下几个方面：

（1）健康的体魄；

（2）阳光的心态；

（3）好学上进的精神；

（4）自我管控力；

（5）做事认真的态度；

（6）独立思考的习惯；

（7）风趣幽默的性格、透明亲和的人格魅力。

软实力决定职场成败！如果想要在职场中生存下去，那么提升个人软实力势在必行。如何提高个人软实力（参照做法和建议）：

（1）了解你自己，找到最适合自己职业发展的行为模式，活出自我；

（2）追逐事业，要有积极进取的精神和行为规范；

（3）构建良好的人际关系，善于帮助他人走向成功；

（4）关注"分外"的关联事项，增强综合协调能力；

（5）工作中主动应用"软实力"，使其得以检验和提升。

试题样例：

1）你如何理解"八小时以外是我的自由"这句话？

2）一位与你关系一般的同事有件事需要你帮忙，这件事对你没什么直接的好处，但也不伤害到他人，这时你会：

a. 事不关己，高高挂起

b. 有保留地帮助

c. 全力相助

d. 直接拒绝

14. 能力结构与潜在优势，主要测评受试者的行为能力结构的稳定和协动性

单项能力的程度、智商高低和能力总量的差异固然重要，但综合评价行为素养、结构属性上的差异影响更大，更不容易测评，更需要关注和提升。行为能力架构的稳固、张力和弹性，其中蕴藏着潜力优势、相关联部分和因素在随外界条件变化时的转换替代能力。

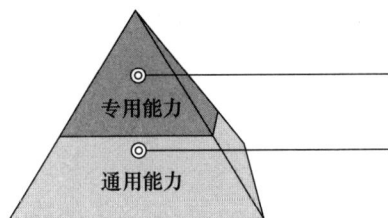

图 1 – 13　能力结构

试题样例：

1）"情场失意，赌场得意"，你怎么理解这句话？

2）你是否能从多角度思考问题，做事情的时候总是有备用方案？

15. 能力定位与演变

究竟是环境改变了人，还是人改变了环境，两者相互作用、相互影响，两者同时变化无疑增加了测评和匹配的难度。实际中有劲使不出来，不知道劲往哪儿使，从反馈、捕捉、提取信息到综合能力和发展潜力，来看主动提高能力的意识，激发潜能的着力点和人与环境的友好交互能力。

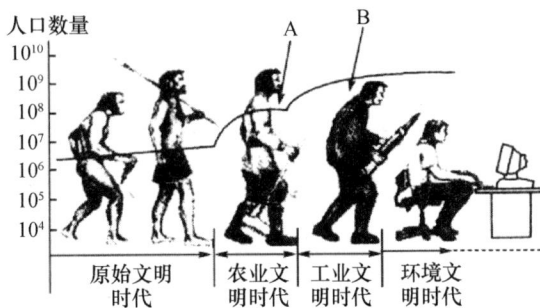

图 1 – 14　能力演变

试题样例:

1）当你看到了前方的什么，你可能会改变自己的前进方向和路线?

2）你周围的人群中什么样的人，或者占多大比例的人去做一件事，你就会随着做那件事?

二、行为面试法及应用

心理学和人力资源管理等与人文行为研究相关的学科领域中，关于职场心理行为特征、人职匹配、性格与职业、胜任力模型等有大量的研究和测试手段，有些在实际应用中也能取得较好的效果，常见的有 MBTI、霍兰德职业兴趣六角图、DISC 和大五（九型）人格、卡特尔 16PF、职业锚、PDP 和菲尔人格测评，以及星座、血型、占卜等。这类与职业岗位的关系及相关的行为测评，大都是围绕着动机、兴趣、人格和能力展开，注重一般情况下求职者的共性心理特征和职业需求。这其中暗含着：一是基本假设偏离（假定求职者都是经济动物，不能反映人与岗的双向匹配）；二是不同文化背景下常模的适应性等主要问题。这里不仅有水土不服（常常会出现是在琢磨试题而未能反映真实行为），还有人性本源上的分歧和研究者的价值取向，以及方法上的偏狭等先天弊端；而且往往是"王顾左右而言他"，绕开关键问题，说不到根本点上。如此指导实际，岂不因小失大、本末倒置了?!

基于行为的针对性面试评估方法，也是实验测评的一种常见形式和实用方式，可称为自然实验或现场实验（Field Experiment）。行为匹配实验的理论和方法，是对特定案例经验和真实样本总体的总结提炼，理论（方法）与实践互为验证和校准，交互推进，是活的、有灵魂的人文科学方法。所以，这往往是要个性化定制且不断更新的，没有泛泛的有效性，只讲特定目的的适用性。

（一）BBI 行为面试法

BBI 行为面试法（Behavioral Based Interview），是在面试过程中侧重让应聘者描述其过去工作或者生活经历中某次事情中的做法、感受等具体情况，由此了解面试对象各方面素质特征的行为测评方法。

BBI 面试法的基本步骤如下：

（1）双方沟通。通过简要的介绍和解释，面试官与面试对象建立信任关系，创造融洽和谐的谈话气氛，使面试过程轻松、愉快，以便使面试对象比较自然地讲出自己的事情，有利于面试官从中发现其真实行为品质和潜力。

（2）情景简述。双方分别简要描述岗位职责和过去所做事情的概况，所问的问题可围绕："你目前主要在做什么？""你在团队或组织中的感觉如何？""在你过去的学习、工作和生活中，对你印象比较深的是哪类事儿？""在不同时期你的工作主要任务和职责是什么？"等择机展开，主要是想从面试对象提供的初步材料中捕捉到下一步开展行为事件深度调查的突破口。

（3）具体行为事件定向访问。有引导、有目的地，而且注意尽可能地让面试者自我选择讲述一两件关键事情，讲述中应包含以下几个方面：事件发生的情景；事件中所涉及的人；面试对象在该情景中的思想、感受和愿望；面试对象在该情景中究竟是如何做的；事件的最终结果是什么；面试对象对此事的分析评价等看法。面试官可抓住比较关心的问题逐步深入交谈下去，直至对面试对象的行为特点有比较清晰准确的了解和把握。

具体的提问和问题表述可参照：

（1）如果给你这份工作，你觉得你的优势和弱势是什么；

（2）叙述一件过去 3 年内你主要参与或主持的最具挑战性的一项目或事情；

（3）你在什么情形下最容易被激怒；

（4）你觉得你做的最成功或失败的事情是哪件，为什么；

（5）你熟悉的人中有你最佩服的人吗，他/她有什么特点；

（6）你和别人最有明显区别的个性特征是什么，你和他人相处时最容易和最难的地方是什么等？

（二）STAR 面试法

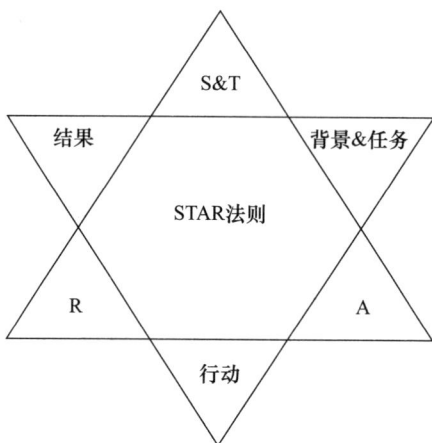

图 1-15　STAR 法则

所谓"STAR"面试法，是 Situation（背景）、Task / Target（任务/目标）、Action（行动）和 Result（结果）四个英文单词首字母的组合，显然是用行为贯穿的。

首先，要了解应聘者主要经历和工作业绩取得的背景。通过不断提问有关的背景问题，可以全面了解该应聘者取得优秀业绩的前提，从而获知所取得的业绩有多少是与应聘者个人的行为特点和主观努力有关，多少是与外界条件、市场状况和行业特点有关。

其次，要详细了解应聘者为了完成业务工作，都有哪些工作任务、想达到什么目标，每项任务的具体内容是什么，通过这些可以了解应聘者的工作经历和经验，考察其目标意识，以确定他/她所从事的工作与获得的经验是否适合现在所应聘的职位。

再次，进一步了解该应聘者为了完成这些任务采取了哪些行动和做法，即了解他/她是如何完成工作的，都采取了哪些行动，所采取的行动是如何帮助其完成工作的。通过这些，可以进一步了解其工作方式、思维方式和行为方式。

最后，关注结果，每项任务在采取了行动之后的结果是什么，是好还是不好，好是因为什么，不好又是因为什么，能从中吸取什么经验教训。

例如：某企业需要招聘一名业务代表，而应聘者的资料上写着自己在过去的一年做过销售并获得冠军，业绩显著等。那么，如何在这种情况下运用 STAR 行为面试法呢？

首先，要了解该应聘者的上述业绩是在什么样的背景下取得的，包括所销售的产品的行业特点、市场需求情况、销售渠道、利润率和激励方式等，通过不断地发问，可以全面了解该应聘者取得优秀业绩的前提，从而重点考察和获知所取得的业绩有多少与应聘者本身有关，有多少与外部因素有关。

其次，需要了解该应聘者为了完成业务工作，都有哪些工作任务，单位或自己是否定了明确的任务指标，每项任务的具体内容是什么。通过这些可以了解其工作经历和经验，以确定他/她的工作经验积累是否适合现在所应聘的职位，使岗位工作与人的能力更匹配。

了解工作任务之后，需要进一步了解该应聘者为了完成这些任务所采取的行动，即了解他/她是如何完成工作的，都采取了哪些行动，所采取的行动如何帮助他完成工作尤其是遇到困难和阻力时如何克服和战胜。通过这些，面试官可以进一步了解其工作方式、思维方式和行为方式以及发展潜力，而这些正是人职双向精准匹配非常希望获得的信息。

最后，关注和考察结果，每项任务在采取了行动之后的结果是什么，是好还是不好，好是因为什么，不好又是因为什么，对将来的工作会产生什么影响，等等。

> **试题样例：**
> 请讲出一件你通过学习尽快胜任新的工作任务的事，相应的提问可包括：

1) 这件事发生在什么时候和什么情况下（背景 S）；

2) 你要从事的工作任务和主要目标是什么（任务 T）；

3) 接到任务后你怎么办，你有全盘的考虑吗（行动 A）；

4) 你大概用了多长时间获得完成该任务所必需的知识（行动 A，深层次了解员工学习能力等）；

5) 你在这一过程中遇到困难了吗（行动 A，了解坚韧性，以及处理事件的灵活性）；

6) 你最后完成任务的情况如何，你如何看待（结果 R）？

实际操作中，应注意每步环节和每个问题之间的衔接协调。

（三）行为面试原理准则

行为面试法的信条和理论支撑假设是：一个人过去的行为可以预测这个人将来的行为。无论行为多么复杂，无论多么难以琢磨，总有内在的一些东西和决定性因素，而且相对稳定，由此可根据过去在什么样的场景下是怎么做的，来推知未来在什么情景下可能会怎么做。尤其是常态情况下，理智或理性类型的行为测试更准确，传统方法其实做的是这一块。

行为面试，一定要关注行为表现与环境条件的相应关系，而不是孤立的问题、单维度视角下的行为测评，尤其是要发现个性和发掘非常态及复杂情景下的潜力，更应该如此。

一般情况下，应聘者常常会在求职材料和简历上写一些自己所做过的事，描述结果、突出成绩，比较简单和宽泛。在面试的时候，用人方需要了解应聘者如何做出这样的业绩，做出这样的业绩都使用了一些什么样的方法，采取了什么样的手段？通过这类行为面试过程，用人单位可全面了解该应聘者的知识、经验、技能的掌握程度以及他的工作风格、性格特点和行为习性等与工作有关的方面，而行为面试法主要是解决上述问题的。

招聘面试是人力资源管理部门的一项重要工作内容，每个成功的 HR 经理或专员都必须具备高超的招聘面试技巧，以招聘到合适的人充实到工作团队中，甄选出合适的人放在合适的岗位上，充分发挥其个性优势，为企业创造出更高的绩效。

（四）行为面试前期准备

采用行为面试法考察和衡量应聘者，其实是行为能力实验测评的一种方式，类似于现场或实地实验，是情景的模拟或再现，应聘者和面试官分别扮演相应的角色，以非常接近真实发生过的事情情景，观察真实的行为表现，以便更科学地考量应聘者的行为品性。因而，在行为面试前，双方都需要做一些必要的准备。

（1）应聘者需要了解所应聘岗位要求的经验、知识和能力，虽然某些专业知识可能不直接涉及，但一定对相关知识有深入认识，以便准确恰当地把握行为。

（2）相关经验梳理。按面试流程注重说明在什么背景、时间，做过什么样的工作/项目，这个工作/项目最好与所应聘工作相关，怎么做的，和谁一起做的，自己在团队中的角色，最后的结果如何。虽然这些程序时常会被打乱，但基本的应对策略和心理是必需的。

（3）突出相关能力。要尽可能地在自然的描述中突出自己的相应能力。公司经常会考察应聘者的团队能力，所以可能会有一些问题是关于团队能力的，如请你举一个实例说明你的团队精神和能力？这时绝对不能简单地概括说自己有非常好的团队合作能力、人缘好等，要真正举出一个有信服力的实例说明，而且尽可能按 STAR 的流程说明。还要注意从实践中总结出经验和教训，并在此基础上继续学习和探索。

而对于面试官来说，经常要面对一些招聘面试的工作，短短数分钟的面试其实就像是攻守双方的短兵相接，面试官如何在短暂的时间里守住"阵地"，易守力攻、斗智斗勇，为企业测评出应聘者的行为能力，是企业招聘成功与否的关键。通常情况下面试官和应聘者共同对着应聘人的求职资料，双方就求职资料所描述的问题和与之相关的问题展开问答，这需要面试官在面试前对相关资料有大概的了解，再将相关的经验和可能要问的问题回顾一下，以免面试时泛泛而谈、无的放矢，不要等面试结束时，才发现自己想了解的、该了解的信息竟然寥寥，仅凭手头的信息又无法做出准确的判断，再组织一次面试又不太可能了。所以，面试官有必要事前做好准备，事中适时采取一些手段控制面试的场面，使之朝着预期的方向进行。

（五）行为面试进程控制

行为面试过程中设有涉及实质性内容的谈话程序，任何有效的面试都必须遵循这一程序。行为面试法是最好以双方平等对话交谈的方式，尽可能使双方都达到预想目的。按 STAR 流程，首先要了解应聘者的工作生活背景，通过不断提问与工作业绩有关的背景问题，可以全面了解该应聘者取得优秀业绩的前提、自身行为因素和外部条件及机遇的作用。

其次，要详细了解应聘者为了完成业务工作，都有哪些工作任务和目标，每项任务的具体内容是什么，多目标时的先后顺序如何，等等。通过这些可以了解应聘者的工作态度、经历和经验。

再次，进一步了解该应聘者为了完成这些任务所采取的行动，即了解他是如何完成工作的，都采取了哪些行动，所采取的行动是如何帮助他完成工作的，尤其是关键环节和临界状态时是如何应对的，什么力量和因素促使其这样做。通过这些，可以深入聚焦地了解应聘者的工作方式、思维方式和行为方式。

最后，关注结果，每项任务在采取了行动之后的结果是什么，如何评价；取得这样的结果的关键或决定因素是什么，自己的主观因素起了什么作用，外界条件和机遇又是怎么起作用的；对以后做事情有何借鉴和帮助，等等。

这样，通过 STAR 行为面试式发问的四个步骤，一步步将应聘者的陈述引向深入，一步步挖掘出应聘者的潜在信息，为企业更好的用人决策提供正确和全面的参考，既是对企业负责（招聘到合适的人才），也是对应聘者负责（帮助其尽可能地展现自我，推销自我），获得一个双赢的局面。

试题样例：

用行为面试法考察应聘者的学习能力。在面试之前，首先要了解一下对学习能力的含义及等级定义，以便在面试中做出正确判断。学习能力的等级可分为：0、1、2、3共四级。

0级：不愿意自觉更新自身知识结构；不注意向同事学习；忽视本行业的发展状况。

1级：为了满足本职工作的需要去学习改进，愿意并善于向同事学习，尽可能地获得必要的知识或技术。

2级：为了进一步提高自身能力，愿意接受不太熟悉的任务和从事挑战性强的工作，能够刻苦钻研，获得必备的知识或技能，以尽快适应新工作要求。

3级：能主动深入了解当前最新的知识和技术，能够意识到新知识在产业界的应用。

（六）行为面试描述技巧

既然是行为面试，那么在面试中，就会有一些经验积累和技巧，一定要尽可能地做到：

（1）面试是在收集被面试者岗位所需的行为，应聘者一定要准备一两个完整的故事，要包括当时做事的情况，为什么那样做，以及那样做的结果是什么。

（2）不断地提出连贯性问题，对应聘者回答的过去行为，用STAR方法判断他/她的行为是否是一个完整的STAR的行为，如何发现完整的STAR的行为？

如：以情景（S）或任务（T）为基础的提问：①请描述当时的情景；②为什么你当时要那么做；③当时的环境是什么样的；④你记忆最深的当时事件发生中最重要的时间是哪一段？

以行动（A）为基础的提问：①请确切描述你当时做了什么；②请解释你当时是怎样做的；③当时你首先做的是什么，然后你又做了什么；④请描述你在这个项目中扮演什么样的角色；⑤请把当时你怎样做的一步一步地告诉我。

以结果（R）为基础的提问：①那件事的最终结果是什么；②那件事情是怎样结束的；③你能不能解释那件事结束后存在怎样的问题，或有什么样的成功与我们分享；④那件事结束后，你得到了什么样的反馈？等等。

如何进行继续提问并获得更多的 STAR 细节和深层的东西呢？可这样补充提问：①能否再给我描述另外一个事例；②像这类事件，你是经常经历还是很少经历；③你能否再给我描述一个后续事件，你是否从上一个事件中得到了有益的启示和帮助？

（3）面试进程中的随机应变。在面试之前，一般要准备好计划提问的问题，但是，当你用计划好的问题提问时，你并没有发现你要的行为，或你已经调整了问题，但问题不能很好使用并发现你要的行为，你可以新添加问题。所以，在行为面试进程中，提出行为问题时应注意：①根据现场出现的情况，做针对性的问题调整；②可以省略或跳过一些已设计好的问题；③必要时刻调整和重新排列问题顺序；④根据需要添加新的问题。

（4）行为面试常用有效的提问方法。①一定要围绕着行为问题提问；②尽量避免问概念性问题；③不是特别必要，不要给引导性问话；④提出不断发现行为的连贯性问题；⑤尽可能按 STAR 顺序提问；⑥最好是具体到事件的某一情景或某一任务、某些行为、结果如何等关键节点上；等等。

在面试之后，企业要根据相应的资料决定是否录用应聘者，因而，面试后适时地整理行为面试记录和相关资料是至关重要的：①根据面试指引，整理和分析每一个 STAR 事例，确认什么是完整的 STAR，是正向的还是反向的；②把 STAR 事件根据资质类别进行分类，确认发现的 STAR 行为的等级；③分析每个应聘者的 STAR 面试是否满足基本条件，根据实际情况，为已经设计好的问题做必要调整；④根据如下要求考虑每个 STAR 案例的重要性，相似性——他/她所说的情景与所面试的岗位是否有关，影响程度——他/她所说的情景或结果有多重要，时间性——他/她描述的行为是什么时间发生的？

图 1-16　面试

在行为面试中，还要注意面试场合和所准备提的问题要尽量与面试官的风格吻合，一般情况下，将面试官的风格划分为理论家、探寻者、预言家、心理分析师、行为技术派五类。面试问题的导入和观察视角也有不同的角度：以人/工作为导向；直觉/程序式；直感式、交谈式；基于特质和行为等。

三、人力资源管理 HRM2.0

探索人类行为的复杂之谜，这是一个没有什么人、没有什么方法能够完全解决，也永远不可能彻底解决的问题。能否用行为实验方法解决人力资源管理的关键问题，是对实验经济学的检验和应用的接地点，也是进行自我行为管理的重要前提和基础。

（一）HRM2.0 的理念与原理

相对于基于传统理论方法的现行的人力资源管理（可称之为HRM1.0 或 1.x），把近年来我们致力于研发的提升人力资源管理的理念、理论、方法和实验等一系列做法和产品（也包括平台）称作 HRM2.0。

HRM2.0 的理念是"人人英才，人职匹配"，其具体体现是：以人为本，为每一个人成为英才创造条件、指明方向；人职双向匹配就是个人的专业素养、个性优势和潜力与岗位需求和企业文化相融合。

顺应企业根本目标，提升显著的时代潮流和特点，企业价值（利润）最大化与人（员工）的发展最大化的并重或结合，企业内各级管理人员与员工的关系，由纵向层级制的上下级关系转向扁平化的伙伴关系，实现劳资共位，因而 HRM2.0 的目标的核心含义是：超越效率管理，追求人的发展，尊重员工个性，发掘优势潜力，自我行为管理，激发内源动力，进而实现企业价值最大化。

在当今的时代背景下，未来人力资源管理必须跳出和超越高度简化的现代管理理论框架和思维模式，转向管理思维创新和观念提升，深入解决中国企业（尤其是中小微企业）普遍存在的一些深层次矛盾。具体地表现为以下几个主要方面的转变：

（1）从岗位职责管理到行为能力管理；

（2）从规章制度建设到全员能力建设；

（3）从市场绩效的货币化指标到能力提升的员工行为指标；

（4）从有形产品的成本导向到无形精神上的创新导向；

（5）从外在的物化报酬到内在的自发激励；

（6）从生产技术创新到观念体制创新；

（7）从基于简历陈述事项的档案管理到基于行为轨迹大数据的全程管理；

（8）从利用人性弱点制约员工到激发人性向善的员工自我管理，等等。

（二）HRM2.0 实验目的

基于行为博弈实验等，深入研究探索求职（应聘）/招聘的行为（心理活动）模式、特点和规律及评价指标体系，发现有效提高人职匹配率的方法和路径。

通过行为匹配博弈实验，对于招聘方来说，可达到：

（1）提高招聘成功率，减少成本（经济、时间和精力）；

（2）降低离职率，提高留任率，提升员工工作稳定度和对企业的忠诚度。

对应聘方来说，可达到：

（1）发掘和测评自己的个性优势和潜力，有助于找到预期的、适合的工作岗位；

（2）发现通过什么渠道和方式，能找到发挥自己才能的职位和事情（条件）。

同时，招聘应聘共用，可获取和积累大量真实准确的数据与案例，研究教学与实用推广合一，理论与实践有内在的自然联系的检验反馈、交互推进的渠道，逐步深化完善。

（三） 总体工作步骤

人职匹配行为实验，需要充分利用多方面的优势资源，多种方式的合作协调，我们在具体研发过程中的主要步骤和环节如下：

（1）大量观察调研现实，分类、聚焦提炼出理论上能深入研究，又能紧密联系实际和利于实用推广的问题。

（2）针对性的专题调研、分析可能影响和相关的环境条件等，预实验、提炼出可控关键因素，把握好实验指导语的语义问题。

（3）实验设计（体现：模块化、竞争性、互动可视化、趣味性等特点），制定总体方案和实施措施。

（4）基于不同类型和层次的人职匹配六边形图，构建个案式的、双向匹配综合评价函数，用于估算和解决人职匹配度，实现求职者个人能力指标体系与企业岗位能力需求指标体系的对接（注意其中的结构对应和纵向关联，人职对应一般特性——具体招聘中的个性化能力排序筛选，与岗位需求和企业文化特色的相容性）。

（5）反复、逐步推进的平行/交叉实验。

（6）分析实验结果，找出特点、规律和内在关联。

（7）在实践中检验，推广应用；产品化，投放市场；接受实践检验，反馈改进和拓展。

（四）实验设想与方案设计

以人的全面发展为出发点和最终目的，把合适的人放在合适的岗位上，因而，行为匹配实验的方案设计至少应包含以下几方面：

图1-17　行为匹配实验

（1）自我实现。"自我实现人"（Self - Actualizing Man）是美国管理学家、心理学家马斯洛（Abraham Maslow）提出的。所谓自我实现，是指人都需要发挥自己的潜力，表现自己的才能，只有人的潜力充分发挥出来，人的才能充分表现出来，人才会感到最大的满足。人们除了上述的社会需求之外，还有一种想充分运用自己的各种能力，发挥自身潜力的欲望（马仁杰等，2013）。

（2）自我价值发现。自我价值是指在个人生活和社会活动中，自我对社会作出贡献，而后社会和他人对作为人的存在的一种肯定关系，包括人的尊严和保证人的尊严的物质精神条件。自我价值的实现必然要以对社会的贡献为基础，以答谢社会为目的。实际中表现为：个性发现、潜力发掘、能力实现。

（3）自我价值保护。在发挥作用的同时，也是在证实（显示）自己、充实自身能力，有意识地维护，实现人力资源资深的可持续发展。

（4）自我评价（Self – evaluation）是自我意识的一种形式，是主体对自己思想、愿望、行为和个性特点的自我判断和评价。

当然，这些要在获得个人的理想职业和行为特点（目标、兴趣/梦想/愿景特色/能力/优势/潜力）、企业的职位与组织特色（风格、文化）等基本信息的基础上展开。

（五）实验系统/平台的模块

HRM2.0 实验系统或平台的主要组成部分、实施步骤和技术实现环节应包括以下几步：

（1）根据求职意愿、职业规划和企业需求，选择 6 类比较有代表性的职位以及相应的求职行为类型：

1）擅长组织协调、有志成为企业管理人员；

2）勇于探索创新的研发人员；

3）有条理、有个性的文案类；

4）喜交往、善沟通的营销类工作；

5）习惯有规律的工作生活节奏的一线作业员工；

6）满足当地最低生存需求，可替换性强的一般职员。

（2）实验获胜标准和方法。每次实验中，行为能力类型与自己的求职意愿吻合度最高、得分最高者为获胜者；若是企业实际招聘，应聘者的特性优势（欲同一批应聘者、受试者的平均值相比）与企业需求的匹配度越高，与企业文化的融合度越高，越有可能成为优胜者。

（3）评价工具。基本的评价工具和方法是：六边形图定位和双向互动匹配评价函数相结合。具体地编制个案式的人职匹配矩阵（可先构建一基准型，然后根据实际需求可替换），用六类代表性职位构建六边形图；列出每类职位最应具备的前四（六）种/方面的职业能力；选择最能反映出相应能力的题型和测试方式；分档次量化评分；注意结构类型，给出总的评价及个性化职业发展指导建议。具体的内容和步骤为：

1）个人/应聘者的偏好与愿望/求职意愿显示；

2）真实能力证实，一般共性的评定，招聘企业的认定；

3）双方达成协议，个性化的双向匹配；

4）检验修正，反复改进，逐步完善，注重实用实效。

或者是说：

1）自我选择（兴趣与能力的一致性）；

2）能力甄别（分类职业能力；自我评价与他人/社会的评价）；

3）量身定位（各类分解任务表现，尽可能切实、精准，不同职/岗位的程度不同）；

4）双向匹配（接受范围内模糊的、唯一精确的）；

5）相对评价标准，相对绩效评估（动态的、专门定制的，不同于心理测试的常模）。

（4）人职双向匹配模块。一花一世界，一草一天堂；一人一故事，一岗一职责。基于个性化的人职匹配理论，即关于人的个性特征与职业性质一致的理论，是现代人才测评的理论基础。人职匹配的基本原理：不同个体有不同的个性特征，而每一种职业由于其工作性质、工作环境、工作条件、工作方式不同，对工作者的能力、知识、技能、性格、气质、心理素质等也有不同的要求，所以，在进行职业决策时，应选择与自己的个性特征相适应的职业。以个体与群体的行为关系研究为基础，把企业组织也看成是有机体，有生命、有灵魂、有活力。不同的企业有不同的文化，不同企业的同类职位对应聘者的要求和评价也不可能完全相同。越高端（人资和职位），企业文化的影响越重要，今后会更重要。

现实中的招聘用人本来就是双向的，而理论中和常用的职业测评技术方法等知识大多讲的是如何招聘，企业如何选择应聘者；而实际中大多是双向选择的匹配，双向匹配是 Z 字形结构，应聘与招聘的双向选择，还包括应聘者之间与招聘者之间策略行为的相互影响。

所以，建立题库、场景故事案例库、职位需求库、政策和市场相关信息库、社会资源和网络途径库等不同类型专题数据库，有条件的化，用可视化的 VR 和 AR 技术，效果会更佳。

（5）流程图（主要组成部分和操作步骤）。①进入主界面（如人人英才，人职匹配 HRM2.0；炎黄英才研究院 V1.01 ）。②输入面试者基本信息（包括求职意愿）；然后进行基础测试（导入一般性的文化素质考试、行政管理测试和基本专业技能、常用的心理测试以及 IQ 和实践能力报告等）。③根据具体岗位的职业分类匹配（导入个性化的代表性职业匹配六角图，相关行为实验，大学生就业模拟参照结果等），进行竞争融合排序（导入企业/组织参数，Interview 评测结论，优势特色与企业需求符合度排序六角图）。④输出：个人职业能力发展综合报告（主）；个性化的求职指导建议（左）；企业招聘推荐表（右）。若有足够的技术实力支持，总体上尽可能 APP 化，以方便实用和推广。

还可结合胜任力模型，其他相关的测评系统；积累建设案例库、企业需求信息库、试题库、工具（模型方法参数）库为 HRM2.0 提供有力支持和保障。

（六）人职匹配实验题型

行为匹配实验测评试题的一般形式是：题干紧紧围绕招聘目的，要覆盖重点考察方面和内容；每题至少配 3 个、至多 5 个选项（具体示例可参见本书的案例篇）。对企业招聘方来说，要突出考察点、专业性和执着等特点，采取主题性、个性化、主动式、互动型等命题和测评方式，明确愿意招聘选择哪种答案的人。

实际操作中是：推广霍兰德的职业性向类六边形图，构成以六种代表性职位及相应的行为能力（最基本的体力和智力两个维度上）的双向匹配六角图，以此为基础确定职业适合度和创新成功率图。

为考察应聘者的行为能力素质和个性优势及潜力，根据实际的就业形势和劳动力市场的情况，以及我们所积累的实测题目，所选择的题目至少应覆盖以下方向：

（1）如何能够测试出大学生的学习能力、适应性和可塑性。

（2）大学生毕业就职后，如何才能尽快适应工作。

（3）怎样评价目前自己所做的工作/岗位是自己比较喜欢/比较适合自己；如何评价是否适合自己。

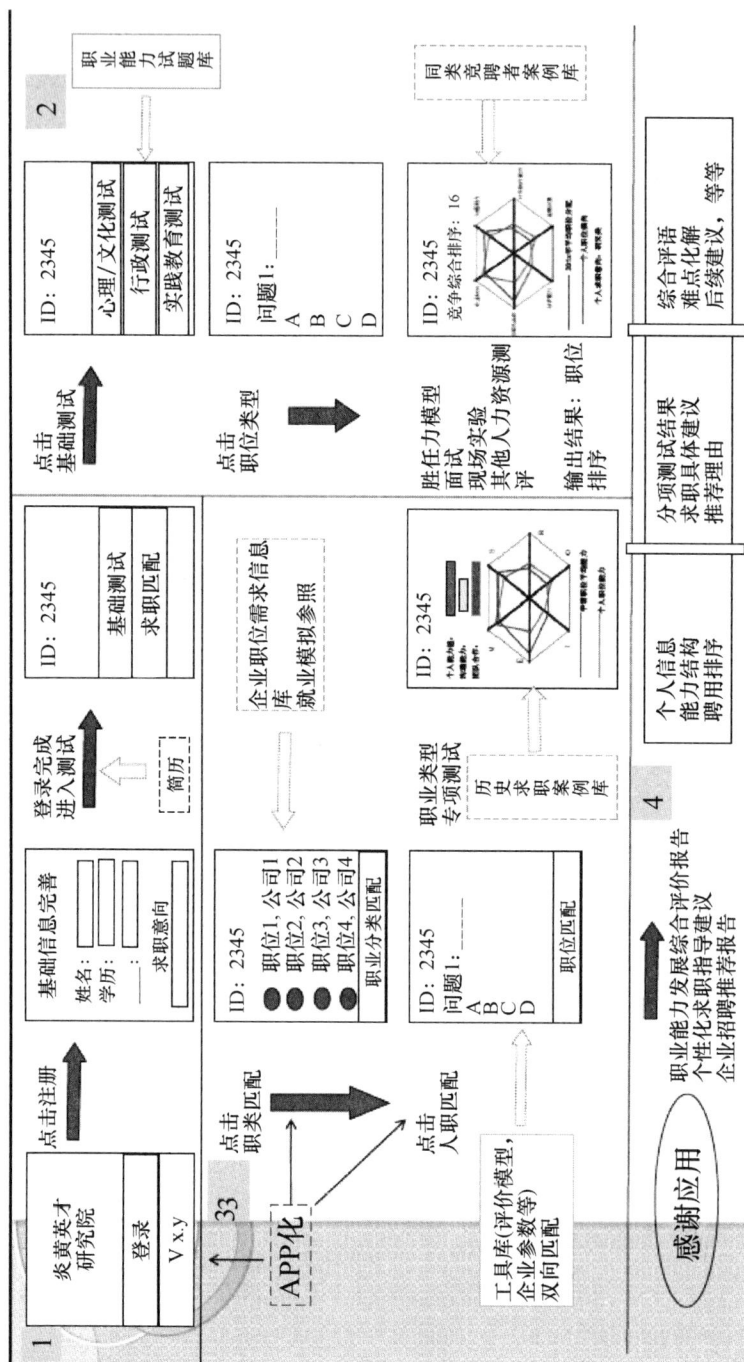

图 1-18 流程

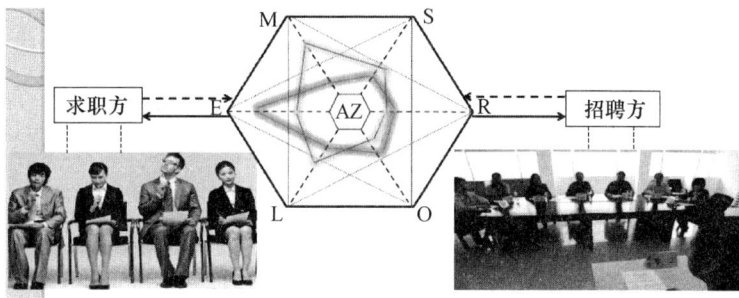

图1－19　职业性向类六边形

（4）对先就业后择业有什么看法。

（5）做事的习惯，是否认为一般来说女同学比男同学做事更有条理些。

（6）你觉得企业白领/设计研发人员应该具备哪些素质。

（7）你觉得自己的优势是什么，在什么样的环境条件下才能比较好地发挥和表现出自己的优势。

（8）对目前高校对学生实践能力培养的看法。

（9）在校/课堂学习能力与实际能力的联系。

（10）课本上学到的知识和实际动手能力的联系与区别是什么。

（11）以什么样的方式能比较快地、有效地提高在校大学生的实践能力。

（12）是否应该通过企业参与、建立联系等方式让大学生更早一些接触真实社会、增强实践能力。

（13）如何评价和测试一个当代/90后大学生的风险应对、抗压、应变能力、潜力和创新创意性。

（14）交流沟通、团队精神分工协调合作互助，与企业文化的融合。

（15）观察、计划、组织领导才能；执行力、对关键问题和因素变化的敏感性和响应模式。

（16）兴趣、性格、习惯和能力之间有什么样的关联性。

（17）在招聘或面试中，怎样才能看出一个人的动手/实践能力。

（18）什么样的情况下比较容易看出一个大学生的优势/强项。

（19）大学生就业应该有什么样的政策和市场环境。

（20）每次投简历、面试后是否会想想成功或未成功的原因。

（21）自己在应聘/面试时都做哪些准备。

（22）如何才能提高自己的实践能力和就业能力，能否经过目标明确的指导和系统培训来提高。

（23）如何增强企业招聘方与高校/学生方的信息沟通交流。

（24）如何看待当前的就业形势，如何影响你的就业/招聘决策。

（25）寻找相关图片、积累案例，设计场景，提出更加真实的问题。

其中的许多题目企业或招聘方可能也在做，没有正确与错误的区分，只是看应聘与招聘双方的（潜在的）匹配/吻合程度。题目设计和选择时要注意增强专业性、跨学科、竞争性和趣味性，应该是双向、结构化、指向明确、层次递进和动态化的。

（七）HRM2.0 的特点与应用展望

关于人的行为能力，以及与职业岗位需求的吻合匹配，是尺有所短，寸有所长；莫以单一论短长，在一定的条件下短板可能转化为长板，各方面的能力具有交互性，优势互补。所以，需要有科学的测评方法，解决其最核心的问题：行为精准匹配。而 HRM2.0 只是行为精准匹配在人力资源管理领域的应用版。

图 1-20　行为精准匹配

HRM2.0 的开发形成，毫无疑问是庞大艰巨的复杂工程，是需要团队的坚持不懈、不断改进才有可能完成的。从学术上讲，HRM2.0 也是由点滴行为看一个人的本质和总体人品、由员工个体行为看整个企业的绩效及文化的通宏洞微的分析方法。在应用中，HRM2.0 能与相关公司/机构和产品的连通衔接，为此预留充分的接口，尽可能地利用有利资源，提升产品性能和扩大应用范围。在商业推广模式上，HRM2.0 不仅要赢得商业利益，更注重赢得人的拥护，赢得人气、人缘、人脉、人心和人数。在具体的经营运作中，采取会员（客户 + 成员）积分制，逐步提供个性化定制服务，参与贡献与使用付费相结合；通过宣传推广，初期的免费试用，到逐步扩大影响、打开局面。与此相关的系列产品的大众版中文名称是：找对了，已注册的相应的网址为：www. match - hrm. cn，其学术含义就是行为精准匹配。

HRM2.0 的特点：数十年研究的积淀提炼；巨量实例的支撑与检验；科学与人文的融合升华；人文独到并具便利实效。具体说，微观层面上是推出个性化的行为能力检测诊断报告和职业发展指数/体系，主要包括：对匹配度、稳定度、动力值（发展系数）等给出可参考的量化指标。综合各类心理职业性向测试、IQ、文化素质考试和专业技能测评，以及 HR 主管的经验判断、实践能力评估以及应聘者的自我评价和感受，大大拓展了现有的人才测评理论、工具和方法等。基本的构成模式是：公共部分（70%） + 专项部分（行业、企业、职位占 30%），具体应用时，是需要个性化定制的。其与原有理论方法相比，拓展和提升之处如表 1 - 1 所示。

表 1 - 1　人力资源管理不同版本性能对照

项目 ＼ 版本	传统 1.0	HRM2.0
本质特征/目标	以资为本，财富增长	以人为本，人及社会的全面发展
核心价值增长点	行为共性、一般性、常态	差异化个性、特殊性、非常态
基本假设	单一、同质、外生、独立、稳定	多元、异质、内生、交互、演化
理论基础	新古典、科学管理	行为/实验经济学、博弈策略思维

项目 ＼ 版本	传统1.0	HRM2.0
方法手段	演绎推理、经验实证	行为实验、APP及大数据技术
满足需求	理论指导、统一模式、单项短期	需求导向、量身定制、多项全程
适应性	标准化、完全竞争、单一情景	多样性、复杂现实、多情景
优势/局限	演绎推理，相对严谨/忽略人性	突出人接地气、科学检验/接受认知
奉行理念	边际递减、人从属于资	人资并重、人本特征、合作共赢
网络互联	同业、无形	人人英才网；HRM2.0
信息安全	封闭—安全；开放—外泄	越开放互联越安全
操作模式	循规蹈矩、单向被动、固化苛求	双向互动、趣味游戏、随性顺势
发展前景	触及上限、稳固；偏离人本轨道	充分发掘人的潜能、灵活、前景无限
职业测评	MBTI/DISC/MENSA、人—职匹配	真实情景；人、职、团队交互适应
人才选聘	需求方导向、埋没、扭曲人才	双方共赢、人本定位、人皆英才
薪酬激励	单一价值取向、同质、单向激励	个性、异质、交互、团队合力
绩效考评	建章立制、一视同仁	多元标准，制度与人性化结合
员工培育	单纯的人事管理、垂直员工关系	多重、多维、多层人际关系网络
纠纷处理	重法依序、就事论事	法、理、情交融，注重长远+文化
离职辞退	依照法规，严格明确	重协调；善后、人性化
数据功能	个案、直观、静态、海量	综合、动态、大数据挖掘
创新提升	循规蹈矩、僵固，创新激励不足	注重学习演进、内生创新激励、完善
……	……	……
总体评价	人格物化/机械条理；管理规定	人文特色；个性选择；双向精准匹配

HRM2.0将为资源配置服务的人力资源管理主体业务提升到人才匹配和为人的全面发展服务，此举可推广延伸到：股民与理财方式的匹配；填报高考志愿，个性化、兴趣式主动学习指导建议；引导和培养早教适龄儿童的兴趣和良好的行为习惯；恋爱、婚姻和家庭的日常生活与情感方面的匹配；所有的想法、梦想和兴趣与行为实现方式的匹配。

形象地说，由基于传统观念、理论和方法的现行的人力资源管理，虽然，自由恋爱使家庭稳定和社会和谐，但与包办婚姻相比，毕竟是人性的解放和社会的进步。

大数据分析更具针对性、实用更方便、目的更接近。

显然，行为实验和行为管理的手段与工具，毕竟也还是从局部、点滴和片段的行为来认知整体复杂性的，没有绝对的、唯一正确的、严格规范的方法、流程与答案，相对性与结构性：

（1）比原有的理论方法更接近行为的特点和本质。

（2）更加注重用相对量来刻画个性化的行为特征，通过实验对比，就知道两个人的行为差异是什么。

（3）实验实施过程中便于设置可控的可供参照的对比组。

结构性强调整体关联和行为内在的本质特征，方法更符合行为研究的需要。

案　例　篇

　　自己是哪块料，究竟干什么好，怎样才会成功？自己不知道，专家说不清，理论没覆盖，行为实验揭开成功之谜：关键时刻做对了！

　　什么状况下是"关键时刻"，什么叫"做对了"，对不同的人、不同的事儿、不同的场景，答案是不同的，而"把握好关键点上的行为才能成功"，这一点对谁都是一样的，在任何情况下都是正确的。

　　圈定和测度一个人的个性和潜力，难度超乎想象。"不怕不识货（人），就怕货比货"，行为实验能通过对照比较，注重行为与场景的内在对应关系，分类聚焦，把握和凸显行为的本质。与现有的其他方法相比，行为实验的确迈出了很大一步，敢于应对挑战，而且是对原有方法的全覆盖、全包容。要想把人当人看，就用实验发掘其个性和潜力；若不把人当人看，你就用原来的方法，把人当作一种物化的资源，为资本增值服务。

　　行为实验的作用在于能把时空浓缩、能把行为聚焦、能把无形的东西可视化，能让这些深层隐藏的、变幻莫测的行为能力变得可控、可观察、可复制、可推广，由此实现行为精准匹配（相对意义上的），让个人与企业都觉得"找对了"。

　　本案例篇选编和汇集了一些与行为管理相关的经典实验、测评试题、实用表格、成长案例等，并且在案例情景描述、提供行为能力的实用测评工具的基础上，通过"发掘员工个性潜能、倡导自我行为管理"的深化行为分析，尽可能地为解决企业选人、用人和树人的实际问题助力加油，达到员工职场如意成长与企业价值最大化同步协调实现的双赢局面。

一、经典行为实验集锦

（一）三个经典行为实验的启示

1. 宝玉抓周与人生命运预示

宝宝周岁抓阄，在中国至少是流传了上千年（据史书记载，兴起于南北朝时期）的民间风俗，是小孩周岁时举行的一种预测前途和性情的仪式，是人生第一个生日的纪念庆祝方式。它与产子报喜、三朝洗儿、满月礼、百日礼等一样，同属于传统的诞生庆贺礼仪，其核心是对生命延续、顺利和兴旺的祝愿，反映了父母对子女的成才期待，具有人伦味和家庭游戏色彩，在客观上也展现了家长是如何教养孩子、如何进行启蒙教育的。

图 2-1　抓周

《红楼梦》中说道：当年的女娲补天剩余石被一僧一道变成了一个雀卵大小的通灵宝玉，贾府玉字辈小儿含着这块宝玉来到人间，因其含玉而生，所以就起名叫贾宝玉。宝玉周岁的时候，贾政照着习俗让其抓阄，但宝玉什么都没拿，就拿了粉脂钗环之类的，贾政大怒，料定宝玉长大后定为好色之徒。

贾雨村在扬州城外酒肆喝酒时，碰到了老熟人冷子兴，聊起荣府贾政之子贾宝玉的诸般"劣迹"：抓阄时不取笔墨纸砚，单抓脂粉钗环；竟说"女儿是水做的骨肉，男人是泥做的骨肉。我见了女儿便清爽；见了男子，便觉浊臭逼人。"冷子兴一锤定音地说："将来色鬼无疑了！"而贾雨村则不这么看。他说："天地生人，除去大仁大恶两种，余者皆无大异。若大仁者，则应运而生，大恶者，则应劫而生。运生世治，劫生世危。""大仁者，修治天下；大恶者，扰乱天下。"而贾宝玉这样的人，则非大仁大恶，其聪俊灵秀在万万人之上，而乖僻邪谬不近人情之态又在万万人之下。这种人，生于公侯富贵之家则为情痴情种，生于诗书清贫之族则为逸士高人，生于薄祚寒门必为奇优名倡。贾雨村此番宏论以天地之气为依据，自然是荒诞不经，不过，他关于大仁大恶以及与时运家境联系起来的说法，倒是颇有几分道理。

宝玉抓阄与以后的人生命运究竟有没有某种预示和联系，大观园中宝玉同众姐妹的纵情欢娱和最终的命运结局已有了清楚的回答。而从行为实验角度看，宝宝抓周是一种可控、可重复、可观察的情景模拟实验，在一定程度上是对其天赋偏好的显现，可看成是行为实验和人文实验的雏形。

2. 棉花糖实验：神奇预测孩子将来学业成就

棉花糖实验（Stanford Marshmallow Experiment）是斯坦福大学迈切尔（Walter Mischel）博士 1966～1970 年早期在幼儿园进行的有关儿童自制力的一系列心理学经典实验。

具体的实验是让 4 岁左右的小孩坐在桌子前面，桌上放着他自己选择的最喜欢的零食：棉花糖。研究人员对他说："看到这块糖了吗？我现在要离开这个房间，如果你在我离开房间的时候就吃，只可以吃到一块；但如果你等我回来再吃，我再给你一块，你就可以吃到两块。记得哦。要想吃两块，就得等我回来，你明白我的意思了吗？"孩子点点头，研究人员就离开了。

迈切尔在斯坦福大学的实验室，对斯坦福大学附属 Bing 幼儿园的超过 550 名幼儿进行了此类棉花糖实验。

实验过程中，在等待期间，有一些孩子不假思索立刻吃掉了第一块棉花糖，很多则试图用各种方法延长等待时间：有的转过身去；有的用手盖住眼睛；有的把手放在屁股底下，使手不能去拿零食。还有一个小男孩，小心翼翼地扫视了周围一眼，确定没有人在看他，于是伸手把盘中的零食拿过来，掰开后舔掉中间的白色奶油，然后再把饼干合起来，放回盘子，假装什么也没有发生，脸上露出得意的笑容。

15 分钟后，研究人员回来了，发现大约有 30% 的孩子等到了那个时候，拿到了第二块糖的奖励。

实验继续进行，结果是：十几年后，迈切尔做了跟进调查，发现等待时间长（前 1/3）的孩子，在学业上的成功超过等待时间短的孩子，而且差异相当明显：他们的 SAT（美国大学入学考试）分数比那些等待时间排名垫底（倒数 1/3 的那部分）的孩子高出了 210 分（当时 SAT 满分为 1600 分）。

事实上，这些等待时间长的小孩，不仅仅是在学习成绩上有更佳的表现，而且在生活的各个方面都显示出优势：他们面对困境显示出更好的自控性并较少做出不成熟的举动；他们更能抵制各种不良诱惑（如毒品等）；他们的社交能力更强，说话更流利且有条理；他们显得更聪明和自信。不仅如此，在 30 岁左右的时候，他们的体质指数（Body Mass Index，BMI）也比等待时间短的孩子们更胜一筹。

根据迈切尔在事后一次采访中对这类实验的一段描述，参与此类实验的小孩的生长环境是非常相似的：大部分孩子的家长是斯坦福的教师或者研究生。换句话说，他们的智商遗传、家庭收入、家长社会地位等都是非常接近的。这类实验结果表明，在棉花糖实验中的等待时间与 SAT 分数的关联性在统计学意义上是显著的。

这一实验引起了广泛关注。以前很多心理学家一直认为智商是预测成功的最重要因素，而棉花糖实验则表明，自控力比智商能更好地预测一个人的成功。迈切尔教授更进一步指出，智力其实受自控能力的约束：即使是最聪明的孩子也需要做作业。棉花糖实验在世界多个国家重复过，结果都很类似。

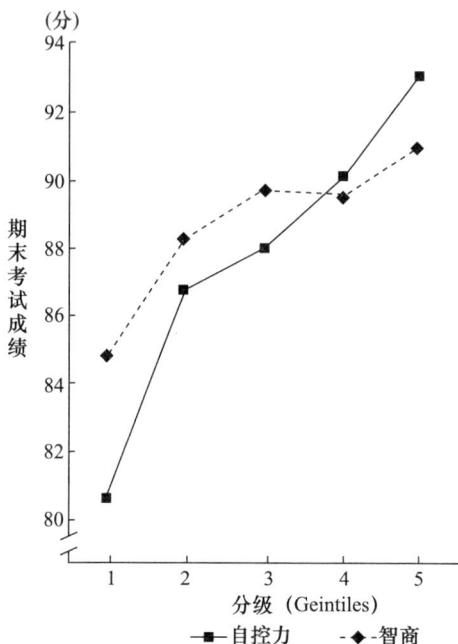

图 2－2　棉花糖实验

资料来源：Duckworth（2005）的论文。考试成绩与自控力的相关性更高，用统计学术语来说，智商的回归曲线的 β ＝0.25，而自控力的 β ＝0.65；对统计学小白来说，可以这么理解：智商提高，分数也基本上随之提高，但自控力的提高对分数提高的影响更大，在图上显示为自控力曲线更徒。

实验结果的推广应用中，宾夕法尼亚大学心理学家达克沃斯（Angela Duckworth）也做了类似的研究。她曾担任高中数学老师，那几年的教学经历让她逐渐相信"要让一个没有自控力的十几岁孩子坐下来学习代数是不可能的。"达克沃斯成为心理学家后，她的一个重要项目是研究自控力与学习成绩的关系。她发现，开学初的自控力能够预测期末成绩等级、出勤率和标准测验分数（这种能力一部分是通过这样的测试来测得的：如果学生能保存 1 美元一星期不花掉，一星期后他们就能得到 2 美元）。用自控力预测个体差异的准确度是智商的预测能力的两倍以上。她的研究证明，"智商确实很重要，但是没有自控力重要。"

能从这类实验中得到什么启发？如果家中有小朋友还没到4岁，很自然的问题就是：如何训练孩子的自制力，让他/她可以在棉花糖实验中成功抵制第一块糖的诱惑？如果孩子已满4岁，想必你已经迫不及待地去买他/她最喜欢的零食来做这个测试了。一旦孩子以迅雷不及掩耳之势把第一块零食吃掉，你也不要懊恼，自制力的改善是终生的。正如心理学家包梅斯特（Roy Baumeister）所说，意志力就像肌肉——你用得越多，它就越强。

3. 礼物交换博弈实验：激发员工积极性

图 2-3　礼物交换博弈实验

劳动经济学和人力资源管理中的"效率工资"，由著名经济学家阿克洛夫（Akerlof）于1982年首先提出；后来由费尔（Fehr，1993）等所做的著名的"礼物交换博弈"实验，实证支持了这一理论观点。礼物交换博弈模拟了劳动力市场的情况。两名参与者，一个人作为雇主或老板可以给对手任意一笔金额，它可以被理解成工资；另一个人作为员工，可以选择接受或不接受。如果不接受这笔金额，那么老板和员工双方的收益都是 0；如果接受了雇主的金额，他需要选择愿意提供的努力程度，这相当于员工为生产投入的成本。员工选择的努力水平越高，则雇主的收益就越大（通常要乘上 3 倍作为劳动力增值的收益）；最终员工的效用也随之变化。

例如：老板发给员工 100 元效率工资，员工拿了工资积极性大涨，投入很大的努力（相当于 80 元成本）做好流水线工作，结果为企业赚了 240 元（80 × 3）。最后老板赚 140 元，员工净赚 20 元（100 - 80）。

又如：老板发给员工 100 元绩效工资，这个员工好吃懒做，拿了钱不干活，投入很少的努力（相当于 20 元成本）在流水线上，结果只为企业赚了 60 元（20 × 3）。最后老板亏损 40 元，员工赚 80 元（100 - 20）。

这类实验与最后通牒博弈、信任博弈等博弈实验密切相关，可看成是博弈实验方法在企业人力资源管理中的应用，也是对老板为何授权、企业为何推行员工自我行为管理以及现代企业管理中的制度建设等方面的有力例证。

（二）十个著名思想实验

科学上革命性的提议一般都是思想突发实验，爱因斯坦说："提出一个问题往往比解决一个问题更重要，因为解决一个问题也许仅是一个数学上的或实验上的技能而已，而提出新的问题，新的可能性，从新的角度去看旧问题，却需要有创造性想象力，而且标志着科学的真正进步。"看看下面介绍的十个著名的思想试验，[①] 有天才的，有怪才的，有疯狂的，有诡异的，虽然大都令人费解，让人纠结，但我们从一些建设性提议中必能受到启发，也有助于我们认知行为如何受思想支配、思想如何由行为生化，解开行为复杂之谜。

---

① 改编自：《科学 24 小时》，世界十大著名思想实验，2013 年第 1 期。

1. 电车难题（The Trolley Problem）

图 2-4　电车难题

　　"电车难题"是伦理学领域最为著名的思想实验之一，其内容大致是：一个疯子把五个无辜的人绑在电车轨道上。一辆失控的电车朝他们驶来，并且片刻后就要碾压到他们。幸运的是，你可以拉一个拉杆，让电车开到另一条轨道上，但是还有一个问题，那个疯子在那条轨道上也绑了一个人。考虑以上状况，你应该拉拉杆吗？

　　分析解读：电车难题用来批判伦理哲学中的主要理论，特别是功利主义。功利主义提出的观点是，大部分道德决策都是根据"为最多的人提供最大的利益"的原则做出的。从一个功利主义者的观点来看，明显的选择应该是拉拉杆，牺牲一个人拯救五个人。但是反对者认为，一旦拉了拉杆，你就做了一个不道德行为，因为你要为另一条轨道上单独的一个人的死负大部分责任。然而，其他人认为，你身处这种状况下要求你要有所作为，你的不作为也是不道德的，因为毕竟五大于一，这是直观的。总之，不能圆满（不能让所有人都满意）完成此次道德行为，这就是重点所在。许多哲学家都用电车难题作为例子表示现实生活中的状况有时强迫一个人违背他自己的道德准则，并且还存在着依道德无法评判的情况。

　　更有甚者说，如果五个人这边有你的妻子，一个人那边是你的儿子，你还怎么选择？恐怕十分淡定的你也会万分纠结。当时下意识作出判断，做与不做都很纠结。

2. 空地上的奶牛（The Cow in the field）

认知论领域的一个最重要的思想实验就是"空地上的奶牛"。它描述的是，一个农民担心自己的获奖的奶牛走丢了。这时送奶工到了农场，他告诉农民不要担心，因为他看到那头奶牛在附近的一块空地上。虽然农民很相信送奶工，但他还是亲自看了看，他看到了熟悉的黑白相间的形状并感到很满意。过了一会儿，送奶工到那块空地上再次确认，那头奶牛确实在那儿，但它躲在树林里，而且空地上还有一大张黑白相间的纸缠在树上，很明显，农民把这张纸错当成自己的奶牛了。问题出现了，虽然奶牛一直都在空地上，当农民说自己知道奶牛在空地上时是否正确？

图 2-5　空地上的奶牛

分析解读：空地上的奶牛最初是被用来批判主流上作为知识的定义的 JTB（Justified True Belief）理论，即当人们相信一件事时，它就成为了知识或说常识；这件事在事实上是"真"的，并且人们有可以验证的理由相信它。在这个实验中，农民相信奶牛在那块空地上，且被送奶工的证词和他自己对于空地上"奶牛"的观察所证实。但是，农民并没有真正地知道奶牛在那儿，因为他认为奶牛在那儿的推导是建立在错误（假象）的基础上的。爱因斯坦说："如果以为用纯粹思维（逻辑思辨）就能得到应验对象的可靠知识，那么这种认知就是以错误为依据的。""物理学是从概念上掌握实在的一种努力，至于实在是否被观察，则被认为是无关的。"这个实验直接说明了眼见并不为实，经验并不为真，哪怕这个事实是经过检验和公认的。因为人类自我的狭隘、感官的低级都是相同的，而思维的深度、境界的高度却相去甚远。所以真理只在少数人（先知先觉者）的思想里。正如爱因斯坦所说："常识就是 18 岁之前形成的偏见的总和。物质、时间和空间，是人类认识的错觉。"

3. 卢克莱修之矛（The Rape of Lucretia）

不给任何工具，要你证明宇宙究竟是有限还是无限，你怎么做？

图 2-6　卢克莱修之矛

早在 2000 年前，古罗马哲学家卢克莱修是这么做的：他说，假如宇宙是有限的，你走到宇宙尽头，使劲掷出一支矛，那会出现什么？只有两种情况，弹回来，或者继续往前飞。无论哪一种，都表示宇宙边际之外都有东西存在——弹回来是有东西挡住了，继续飞是还有更大的空间。于是，卢克莱修就断言：宇宙必定是无限的。

分析解读：立于物象层面谈宇宙边界问题，这个思想实验确实很简洁很直观，宇宙的无限对于有限的世界（地球空间）来说虽然超越了人们的认知，但是宇宙如果有限有边人们必定会问宇宙边界之外是什么？逻辑推理与抽象思维不能推出终极真理，真正的伟大创建科学发现需要灵感和直觉乃至天人合一的心宇感应，这些是更高的思维状态，人文社会科学研究中的行为实验具有更明显的这类特征。

4. 爱因斯坦的光线（Einstein's Light Beam）

图 2-7　爱因斯坦

爱因斯坦著名的狭义相对论受启于他 16 岁做的思想实验。在他的自传中，爱因斯坦回忆他当时想象着在宇宙中跟着光跑。他说，如果他能够以光速在光线旁边运动，那么他应该能够看到光线成为"在空间上不断振荡但停滞不前的电磁场"。对于爱因斯坦，这个思想实验证明了对于这个虚拟的观察者，物理定律应该和一个相对于地球静止的观察者观察到的一样。

分析解读："想象力比知识更重要，因为知识是有限的，而想象力概括着世界上的一切，推动着进步，并且是知识进化的源泉。严格地说，想象力是科学研究中的实在因素。"事实上，很少有人确切知道这个奇思妙想意味着什么。科学家一直都在争论一个如此简单的思想实验是如何帮助爱因斯坦完成到狭义相对论这如此巨大的飞跃的。在当时，这个实验中的想法与现在已被抛弃的"以太"理论相违背。但是爱因斯坦坚信自己是正确的，经过多年科学验证终于证明了他的伟大。

5. 特修斯之船（The Ship of Theseus）

这一实验最早出自普鲁塔克的记载。它描述的是一艘可以在海上航行几百年的船，归功于不间断的维修和替换部件。只要一块木板腐烂了，它就会被替换掉，以此类推，直到所有的功能部件都不是最开始的那些了。问题是，最终产生的这艘船是否还是原来的那艘特修斯之船，还是一艘完全不同的船？如果不是原来的船，那么在什么时候它不再是原来的船了？哲学家 Thomas Hobbes 后来对此进来了延伸，如果用特修斯之船上取下来的老部件来重新建造一艘新的船，那么两艘船中哪艘才是真正的特修斯之船？

图 2-8　特修斯之船

分析解读：对于哲学家，特修斯之船被用来研究身份的本质。特别是讨论一个事物是否仅仅等于其组成部件之和。世间事物都在无时无刻发展变化着（宏观微观都如此），特修斯之船也不例外，每一刻都与前一刻不同，正如"人不能两次踏入同一条河"，而人们主观概念上的"特修斯"没有变。实验的核心思想在于促使人们去反思自身仅仅局限在实际物体和现象中这一常识。

6. 伽利略的重力实验（Galileo's Gravity Experiment）

为了反驳亚里士多德的自由落体速度取决于物体的质量的理论，伽利略构造了一个简单的思想实验。根据亚里士多德的说法，如果一个轻的物体和一个重的物体绑在一起然后从塔上丢下来，那么重的物体下落的速度快，两个物体之间的绳子会被拉直。这时轻的物体对重物会产生一个阻力，使得下落速度变慢。但是，从另一方面来看，两

图 2-9　重力实验

个物体绑在一起以后的质量应该比任意一个单独的物体都大，那么整个下落的速度应该最快。这个矛盾证明了亚里士多德的理论是错误的。

分析解读：这个经典的思想实验很有力地证明了一个很重要的理论：不论质量如何，在没有阻力的情况下，所有物体自由落体的速率都是一样的。

1971 年 8 月 2 日，宇航员戴维·斯科特在实况摄像机前进行了一项实验：在没有空气的月球大气中，他同时放下一片羽毛和一把重量为羽毛 40 倍的锤子。二者同时降落在月球表面。羽毛和锤子两种物体同时落地超越人们的直接经验，所以这些启发性的思想实验必不可少。

7. 猴子和打字机（Monkeys and Typewriters）

一个在流行文化中占了很大分量的思想实验是"无限猴子定理"，也叫作"猴子和打字机"实验。定理的内容是，如果无数的猴子在无数的打字机上随机的打字，并持续无限的时间，那么在某个时候，它们必然会打出莎士比亚的全部著作。猴子和打字机的设想在 20 世纪初被法国数学家 Emile Borel 推广，但其基本思想——无数的人员和无限的时间能产生任何/所有东西——可以追溯至亚里士多德。

图 2-10　猴子和打字机

分析解读："猴子和打字机"实验其实是不可能实现的，不是说猴子数量和时间的可操作性问题，而是文学作品智慧结晶没有思维指导程序设定是不可能完成的，这好比龙卷风袭过一个垃圾堆卷出一架波音 737 一样是天方夜谭。

2003 年，一家英国动物园的科学家们"试验"了无限猴子定理，他们把一台电脑和一个键盘放进灵长类园区。根据研究，它们只打出了 5 页几乎完全是字母"s"的纸。

恩格斯说："蜜蜂建筑蜂房的本领使人间的许多建筑师感到惭愧。但是，最蹩脚的建筑师从一开始就比最灵巧的蜜蜂高明的地方，是他在用蜂蜡建筑蜂房以前，已经在自己的头脑中把它建成了。劳动过程结束时得到的结果，在这个过程开始时就已经在劳动者的表象中存在着，即已经观念地存在着。"动物只有本能，动物的智力不过是囿于本能而做的低级处理，只有人具备高级思维和灵性，可以发现美丽洞察生机，探索奥秘追求真理，这是本质的不同。

8. 中文房间（The Chinese Room）

"中文房间"最早由美国哲学家塞尔利（John Searle）于 20 世纪 80 年代初提出。这个实验要求你想象一位只说英语的人身处一个房间中，这间房间除了门上有一个小窗口以外，全部都是封闭的。他随身带着一本写有中文翻译程序的书。房间里还有足够的稿纸、铅笔和

图 2 - 11 中文房间

橱柜。写着中文的纸片通过小窗口被送入房间中。房间中的人可以使用他的书来翻译这些文字并用中文回复。虽然他完全不会中文，塞尔利认为通过这个过程，房间里的人可以让任何房间外的人以为他会说流利的中文。

分析解读：塞尔利创造了"中文房间"思想实验来反驳电脑和其他人工智能可以真正思考的观点。房间里的人不会说中文；他不能用中文思考。但因为他拥有某些特定的工具，使以中文为母语的人产生以为他能流利的说中文的错觉。电脑就是这样工作的。它们无法真正地理解接收到的信息，但它们可以运行一个程序，处理信息，然后给出一个智能的印象。关于电子芯片的智能机器是否有灵魂、会思维的问题，各种学问家争论不休。计算机之父——图灵设计了一个思想实验一举终结了啰唆的哲学争论。这个思想实验就叫图灵测试。迄今还没有任何一种计算机可以通过这种测试。即便通过这个小小测试也不能说明问题，因为这些问答属于低级逻辑思维范畴（人类有七级思维）。

9. 薛定锷的猫（Schrodinger's Cat）

薛定锷的猫最早由物理学家薛定锷提出，是量子力学领域中的一个悖论。其内容是：一只猫、一个放射源和一瓶毒气一起被封闭在一个盒子里一小时。放射源在每一秒内以 $1/2$ 概率放射出一个粒子，按照量子力学的叠加性原理，一秒后体系处于无粒子态和一个粒子态的等概率叠加态。一旦粒子放射出来，它将通过一个巧妙的转动机构将毒药瓶打开，毒气释放后会导致盒子里面的猫立刻死亡。当然，如果

图 2-12　薛定锷的猫

无粒子的放射，这一切均不会发生，猫仍然活着。现在要问：一秒钟后盒子里的猫是死还是活？既然放射性粒子是处于 0 和 1 的叠加态，那么这只猫理应处于死猫和活猫的叠加态。也就是说，在盒子被打开前，盒子中的猫被认为是既死又活的。

分析解读：微观世界遵从量子叠加原理，如果自然界确实按照量子力学运行的话，是否宏观世界也应遵从量子叠加原理？宏观世界中是否存在有量子效应？量子力学的玄妙令物论之人瞠目结舌。因为在量子力学中，物质、实体、客观实在等传统物论的基本范畴都已无立足之地。把世界看成由彼此分离的、封闭的、独立的个体组成的本身就是错误的。量子力学表明，微观物理实在既不是波也不是粒子，真正的实在是量子态。真实状态分解为隐态和显态，是由于测量所造成的，根本没有实性可言。

10. 缸中的大脑（Brain in a Vat）

没有比所谓的"缸中的大脑"假说更有影响力的思想实验了。这个思想实验涵盖了从认知学到哲学到流行文化等各个领域。这个实验的内容是：想象有一个疯狂科学家把你的大脑从你的体内取出，放在某种生命维持液体中。大脑上插着电极，电极连到一台能产生图像和感官信号的电脑上。因为你获取的所有关于这个世界的信息都是通过你的大脑来处理的，这台电脑就有能力模拟你的日常体验。如果这确实可能的话，你如何证明你周围的世界是真实的，而不是由一台电脑产生的某种模拟环境？

图 2 - 13　缸中的大脑

分析解读：这个实验提出了一种令人震惊的可能性——你所知道的一切可能都是假象，外部世界根本不真实，如梦似幻。

这些颇具代表性的经典行为实验告诉我们什么了呢？人类的思维、认知和行为是很复杂的，但好像又少不了内在的说道，既不是完全像自然界物质变化那样有明确唯一的支配规律，也不存在统一的行为准则（包括伦理道德）约束，人的思维特征、认知过程和行为表现，都是情景依赖的、因人而异的。这对企业的人力资源管理来说，单靠物质利益激励的原则不可能总是有效的，不可能对所有人都是管用的，只有让每一位员工都去追求自己最看重的东西，让他们自觉主动地进行自我行为管理，企业才会真正有强劲的、内生的、持久的活力。

二、人才测评机构类型特色与测评市场

（一）国内人才测评公司简介①

（1）NS 测评。该测评机构以帮助一流组织建立真正的人才竞争优

---

① 由于众所周知的原因和惯例，此处隐去公司真实名称。此处是根据测评机构正式公开的相关资料信息整理，排名不分先后，仅供参考。

势为使命，全方位提供人才测评、人才管理平台开发、领导力发展、胜任力模型构建及应用、评价中心构建、行动学习、人才战略发展规划、绩效体系构建、薪酬体系构建、培养体系构建等人才管理与人力资源咨询服务。NS 测评的招聘测评遵循岗位最佳匹配测评模型原理，根据不同岗位测评模型来选取测评方法、工具，深入探析其工作价值观、个人需求等，从能力、个性、动力各个层面来评估人才是否胜任应聘岗位工作。操作时目标明确，要求清晰，能够快速识别候选人与岗位职能要求的匹配程度；候选人实际工作情况与测评报告的评价描述有非常大的一致性，能有效预测应聘者未来的工作绩效。

（2）ZZ 人才评鉴中心。该评鉴中心运用现代人力资源管理理论和信息技术，自主开发人才测评软件、分类分行业测评软件，开展各类人才测评服务和人力资源管理咨询的专业机构。通过多年的产品研发和市场检验，中心已发展成为最优秀的"人才素质综合测评整体解决方案提供商"和"人力资源管理和信息化实现的整体解决方案提供商"之一，在国内人才测评领域具有较强的公信力和影响力。

（3）TS 国际。作为个人及组织诊断与发展解决方案供应商，长期为客户提供人才测评、评价中心、组织诊断、个人及组织发展等专业领域的咨询服务。凭借全球业务的评价技术及管理专家、丰富的国际化及本土服务经验，TS 国际在全球范围内为企业组织广泛地提供招募与选拔、人才储备、培训与发展方面的解决方案。TS 中国不但为原有国际客户之中国机构提供本土化服务，更逐步开拓中国市场，为中国企业提供高水平、符合本地企业需求的专业服务。TS 的测评工具将会帮助您的团队和个体提升绩效，进而对组织快速产生积极影响；将帮助您做出更准确的人事决策，这些决策贯穿员工的整个职业生涯，从员工招聘和留任，到发展和绩效管理。

（4）SZ 公司。SZ 协同国内外专业供应商，提供多种高品质的人才测评工具，应用于中国本土人员的选拔和发展；也提供自主研发的一系列测评工具，它们运行在公司自己研发的 CHIVAS 测验平台上。

（5）BS 公司。该公司构建了一体化人才管理云平台，该平台融合运用人才管理专业技术和云计算技术，为大中型企业提供覆盖招聘、绩效、继任、核心人力、员工调查等人才管理业务全流程的一体化SaaS软件及服务，并通过自有PaaS平台满足企业自主开发的个性化需求。同时，BS一直践行"人才成功与人才创造"一体共赢的人才管理理念，通过大数据分析工具，帮助企业实现人才职涯全周期的数据积累及整合，并基于大数据挖掘为企业提供科学的人才管理洞察，持续优化人才管理决策。

（6）BZ公司。BZ是缔造人才供应链理念的人岗匹配的专业机构，是行业内运用IT技术手段来提供人才管理咨询、人才测评、人才发展及招聘服务的人力资源综合服务商。依托测聘网，倍智通过"测＋聘"、"测＋训"相结合的智能招聘模式助力企业实现可持续发展。

（7）MK公司。MK公司是总部在美国，主要从事现代管理咨询的专业机构，人才测评是其主要业务之一。MK的人才测评业务方法论：人才测评的核心价值在于预测的有效性。人才测评的基本假设：个体差异。测评过程是：行为有因——探求行为的原因（心理原因/心理测验）；行为一致性——观察行为，情景模拟技术；人心可知——通过个人历史资料＋面谈，进行认知能力测试＋人格测验；然后，再开展工作样本测验和情景模拟练习等，总结提炼出有效的评价方法。

（8）HY人力资源管理咨询有限公司。HY公司是在中国本土成立的人力资源管理咨询公司。自创立起，HY公司始终定位在以人力资源管理咨询为核心及紧密关联的业务领域，精耕细作。

（9）D3企业咨询公司，是专注于人才管理的咨询公司。主要业务有：DDI领导力加速发展中心，用于评测人员潜质、晋升和发展各级别员工。通过综合运用行为模拟、面试、测验和其他考察方法，DDI领导力加速发展中心能让参与者在公平的条件下，充分展示他们与职位相关的工作能力及行为模式。参加者扮演领导人的角色处理问题、参加活动、制定决策，体验了一天执行者、经理人或主管的"真实生活"。他们将收到一份反馈报告，列明他们的优势，需要改进的地方以及改进的程序和方法。DDI与企业高层一起分析评鉴信息。当选拔人才时，个人的评鉴信息会被置于目标职位的背景下加以参考。当发展员工时，评鉴信息将被用于制定有效的在职培训项目，并作为将来职位调整的依据。

（10）ZH 管理咨询集团是一家按现代企业制度规范化运作的专业管理咨询公司，其核心业务涉及企业发展战略、组织设计、人力资源管理、营销管理、财务管理、资产并购重组及企业改制、企业文化、业务流程重组、企业信息化等方面。

（11）KX 公司的总部位于美国，是业界一家有能力将技术、服务、科学及信息化产品完美地结合在一起的人力资源外包供应商，目前是全球领先的权威整体人力资源解决方案服务供应商。在帮助客户提高人才招聘效率，提升员工生产率及留任率，改善管理决策能力等方面，KX 居于业内领先地位。

（12）BK 是一家商务咨询有限公司，是国内的企业管理综合服务提供商之一。其注重高效、精准的帮助企业处理核心管理问题，围绕着"选、育、用、留"四大模块供应六大主线产品，全方位覆盖了企业人力资源管理中各大重要环节；独有的"一站式"专业体系服务标准，全心全意助力企业卓越发展。

（13）S3 公司是全球性的权威人才测评内容提供商，主要从事企业的招募考试和岗位评估，提供专业的人才解决方案，成为综合人才管理服务业务的重要组成部分，并能为企业提供更为完整的一系列"选、用、育、留"等方面的人才解决方案。SHL 人才解决方案的客户将继续体验他们所期望获得的优质的服务与创新。S3 一直致力于向客户提供客观评估工具，提供个性测评及能力测评，客观评估能让企业根据被测者的真实能力和出色完成工作的潜力来制定招聘和员工发展的决策。

（14）A3 公司是一家以考试与测评服务为主营业务的公司，总部位于北京，运营中心在上海。A3 以世界领先的考试技术，丰富的考试运营和管理经验，为政府机构、教育机构、企事业单位和数千万考生提供专业化的考试和测评服务，并一直致力于人才测评的研究与发展。

（15）YATI 是一家以雄厚研究为基础的、将发掘人才服务与中小企业管理咨询结合的智力服务机构，主要是用行为实验、博弈论、心理学及行为科学等跨界结合的方法，从事研发和应用人力资源管理HRM2.0 的系列产品。

目前，还有一些各具特色的人才测评机构，如 NZ、SC、I3、T3、LS、AKRC、DDBY、YDF，以及人力资源管理咨询公司的人才测评项目等也正在蓬勃兴起。

（二）人才测评市场发展现状

我国人才测评机构行业市场的发展势头非常看好，现如今各行各业都认识到人才在日趋激烈的市场竞争中的决定性和引领作用，都非常重视人才的发现、培养和任用，也更重视人才的测评和鉴定。类似于行业发展报告、投资分析报告、行业自评监管报告等，人才测评市场的专业评估机构、研究机构等对我国人才测评机构行业市场环境与发展前景、市场竞争格局与动态、市场需求供给与经营状况、投资风险与规避经营、未来行业趋势与规划建议等进行深入研究，并列举人才测评机构行业市场行业内重点企业状况竞争优势等，比较好地反映和评价了我国的人才测评市场现状。

我国目前的人才测评市场从体量规模上看，已有数千家主要从事人才测评服务的公司，这些公司和机构分为以软件销售为主的公司和以测评实施服务为主的公司，前者是将软件销售给企业，主要用于人才的招聘、选拔和考核；后者通常并不销售软件，而是利用自己熟悉的测评工具帮助企业招聘的人员进行选拔、考核和开展人力资源普查。

这些人才测评公司及相关机构可分为政府测评机构（包括公务员考评）、国际测评机构、商务化测评机构（见上面所列举的人才测评机构）和学术研究机构（人才学和人力资源管理的专业）等几类。但从总体上看，基本上都还处于仿制、代工的初期阶段，定位、专业度和深入程度都远不能适应人才测评市场的需求，对人才重视程度的认识明确，但路径偏离；投资不少，见效不大；测评软件产品名目繁多，针对人文特性的鲜见……和大环境中的实体经济类似，大都存在着：无核心产品、自我研发能力弱、商业化色彩浓、人才物化倾向明显、本土特色数据积淀不厚、发展方向不明和动力不足等特征。

为什么会出现"企业对人才的重视度大大提高，但众多人才测评机构在企业的实际应用率还远远不够"的状况，这是由于对"人才测评是促使发掘个性潜力和行为修养与社会需求及发展方向相融合"认识不到位，商业运行偏离人才发掘培育的核心价值和预定轨道，测评机构的自身研发能力弱，再加上国际渗透和市场竞争激烈，商业化运作的培训机构的渲染和助推，实践过程中商业盈利与人才培育的轻重和先后顺序颠倒，使得人才测评和培育大大变味儿，严重影响到人才的成长和企业的发展。

三、精准行为创造精彩人生案例展示

行为精准，就是方向对、做到位，尤其是关乎人生抉择的十字路口或关键时刻的行为选择，决定或深深地影响着人生道路的方向、目标、付出和最终的成败。

（一）杰出毕业演讲，其实都在讲述着同一件事

但凡大学，似乎都会有毕业典礼，都会请杰出校友或社会知名人士谈励志和在校的受益。美国 VOX 新闻网站评选出了近年来最杰出的、颇具代表性的几次毕业演讲。演讲者各讲各的故事、体会和感悟，他们演讲的内容各异，但其实都在讲述着同一件事：如何在关键时刻把握好自己的行为（连带着讲母校如何让自己在这方面受益）？这是人生的一针"疫苗"，价值和作用不可估量。无论是即将毕业或毕业不久的大学生们，还是功成名就的大佬们，想得到打赢生活的智慧抗体，就应该来打一针"疫苗"。

世道艰难、前途未卜、迷失自我、失学、失业、失败、死亡、被歧视……下面精选的、被奉为经典的这几个演讲，几乎包含了人生的所有问题，以及应对这些问题的方法。

（1）遭受重创怎么办？——史蒂夫·乔布斯 2005 年在斯坦福大学毕业典礼上的演讲。即使若干年后的今天，这篇演讲仍不过时，值得再看。

图 2-14　史蒂夫·乔布斯

在演讲中，乔布斯没讲大道理，而是跟毕业生们分享了他一生中最艰难的三个时刻：

时刻一：退学。乔布斯只上了 6 个月大学就退学了，因为他发现，上大学不但会花光养父母的毕生积蓄，还不能帮他厘清自己该干什么。所以，虽然害怕，但他依然选择了退学。此后，他在大学旁听，学自己真正感兴趣的事，尽管得睡地板、靠捡瓶子换钱吃饭、每周去教会才能饱餐一顿。

结论：跟随好奇心和直觉做的事，是无价之宝，即使当时你不知道它有什么用。正如胡适所说的："功不唐捐。"

时刻二：失业。30 岁那年，乔布斯被苹果公司开除，成了最有名的失败者，当时他甚至想过离开硅谷。但是，对工作的热爱给了他重新再来的希望，此后几年，他创办了 NeXT、Pixar，找到了真爱。乔布斯说，那是他一生中创造力最旺盛的几年，如果没被苹果公司解雇，他不可能做到这些。

结论：生活有时会当头棒喝，不要失去信心，要知道良药苦口。做你真爱的事，这样才能有持久的动力。如果你还没找到，那么请继续，不要停。Keep looking, Don't settle.

时刻三：死亡。2003 年，乔布斯被查出罹患胰腺癌。虽然发表演讲时，肿瘤已被切除，一切都看起来 OK，但这让乔布斯意识到，在死亡面前，荣誉和恐惧什么都不是，人不该浪费时间重复他人的生活，应该听从内心的召唤，成为你想要的自己。

结论：求知若饥，虚心若愚（Stay Hungry, Stay Foolish）。

2005 年，iPod 大卖，iPhone 刚开始研发，无论苹果公司还是乔布斯本人，都还没有封神。但一个对放弃、失败、死亡有如此深刻认知的人，无疑会是离成功最近的人。

（详见视频：https：//v. qq. com/iframe/preview. html？ vid = k0180 kq6wyq）

（2）失去自我怎么办？——艾伦·迪格尼若斯 2009 年于杜兰大学的毕业演讲。这是一场能让人从头笑到尾的演讲。作为著名的脱口秀明星，艾伦除了讲笑话，也讲了她人生中的两个转折点。

图 2 - 15　艾伦

转折一：找到自己。年轻时的艾伦，领位、酒保、刷房子、卖吸尘器……只要挣钱什么都干，完全迷失了自我。19 岁那年，女友因车祸死亡，艾伦在连床都没有、满是跳蚤的地下室里思考良久，终于找到了人生的目标，立志成为脱口秀主持人。

转折二：承认自己。成为主持人后，艾伦一直在隐瞒自己的同性恋身份，每天活在恐惧和羞耻中。39 岁那年，她实在不堪忍受，在节目里公开出柜。第二天，她在报纸上看到了节目停播的消息，甚至都没人通知她，此后长达 3 年，没人找她工作。

艾伦说，年轻时，她觉得成功就是有钱有名有粉丝，现在，她觉得追随自己的热情、成为真正的自己、对社会有所贡献才是成功。

演讲最后，艾伦跟着音乐连蹦带跳地绕场一周，诠释了她给毕业生的忠告："人生是个派对，所以，尽情起舞吧。"

（详见视频：https：//v. qq. com/iframe/preview. html？ vid = a0126 rslzl5）

（3）前路迷茫怎么办？——雪莉·桑德伯格 2012 年于哈佛商学院。

桑德伯格毕业于哈佛商学院，曾担任克林顿政府财政部长的幕僚长，后加入 Google 成为副总裁，现为 Facebook 的首席运营官。但即使履历辉煌的桑德伯格也会感到前路迷茫，因为，世界正高速连接，竞争激烈，变化迅速。

桑德伯格是 MBA 出身，所以，当 Google 请她做首位业务总经理时，她列了个表，权衡了一下，发现这职位不但比别的公司给的低，还没有实际业务。当她拿着这张表去见 Google CEO 艾瑞·施密特时，施密特的回答是：别傻了。然后，桑德伯格说，如果航天飞机给你提供了一个座位，就别挑几排几座了，赶紧坐上去就是了。

图 2-16　桑德伯格

桑德伯格对毕业生说："如果我在你们这个年龄定好了职业生涯的计划，就会错过我现在的职业生涯。"所以，她的建议是：

1）职场不是爬楼梯，而是攀岩，你得自己找路。

2）弄清你能做什么，而不是别人想要你做什么。

3）目光要长远，做实在的工作，提高技能，而不是积累履历。

4）别规划太多，别想一步登天。

前路迷茫，看不清方向吗？那就一边努力一边观察好了。就像乔布斯说的：勇往直前，不要停歇（Keep looking, Don't settle）。

（详见视频：https：//v. qq. com/iframe/preview. html？ vid = f0148 uu2y85）

（4）世事艰难怎么办？——比尔·盖茨 2007 年在哈佛大学毕业典礼上的演讲。

比尔·盖茨认为，消除不平等是所有社会进步的源泉，也是人类的头等大事。他建议哈佛毕业生终身致力于此，因为世界上最优秀的人，就应该致力于解决人类最大的问题。

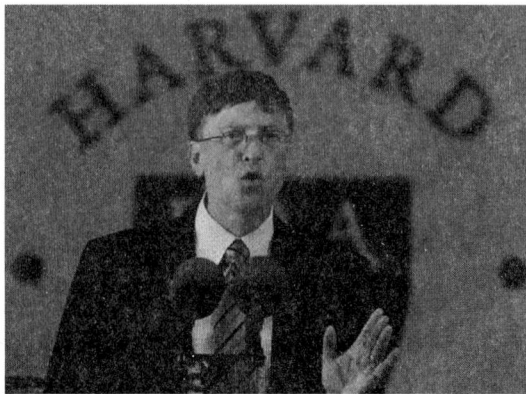

图 2 - 17　比尔·盖茨

盖茨说，人生而不平等，但抗击贫困、疾病，人们从来不缺善意，缺的是信心和行动。因为，世界太复杂，问题太难搞，无能为力的结果就是习以为常。所以，在演讲中，比尔·盖茨给出了一个解决任何问题的"五步法"：

步骤1：确定目标，包括远景目标和近景目标、全球目标和区域目标；

步骤2：找到方法；

步骤3：获得技术；

步骤4：行动；

步骤5：评估，分享成功及失败经验。

然后，保持乐观，再来一遍。总之，别让世界的复杂阻碍你行动。（详见视频：http：//v. qq. com/boke/page/a/0/n/a0166zpebkn. html）

（5）撞到砖墙怎么办？——米歇尔·奥巴马2011年于斯佩尔曼学院。斯佩尔曼学院是美国历史上第一所黑人女性高等教育机构，所以，请第一夫人米歇尔·奥巴马演讲顺理成章。

图2-18 米歇尔·奥巴马

斯佩尔曼学院是1881年由两个白人女性在一个教堂的地下室建立的，最早只有11名学生，年龄在48～56岁，其中很多以前是奴隶。当时，阻挡黑人女性职场之路的可不是玻璃天花板，而是砖墙，尽管如此，学院仍鼓励学生成为医生、律师、工程师、科学家、大使。美国历史上，第一个黑人女飞行员珍妮特·布莱格（Janet Bragg）就毕业于斯佩尔曼学院。

米歇尔·奥巴马的建议是，被禁止、小瞧、嘲笑时，深呼吸，想想之前的黑人榜样，你就会有继续的勇气和毅力。"不要让任何人阻挡了光明的未来，尤其是你自己，保持自信、希望、积极的态度和野心，勇敢做梦。"

（详见视频：https：//www. youtube. com/watch? v = Vp7IW –7TK_ Q)

生活无疑是艰难的（Life is difficult）。而且，无论对谁，无论从哪个角度看都是艰难的。挣扎、恐惧、痛苦、失败、疾病、死亡，人人不能幸免。坦然承认生而为人的艰难，不回避，不掩藏。然后，你才有可能找到应对的方法。把真实的人生剥给你看，聚焦关键时刻，正是这5场演讲最精彩闪亮的地方。

（二）几乎所有的成功者，其实都只是做对了同一件事

无论是创业成功，还是人生梦想的实现；无论是丑小鸭变天鹅，还是由"草根"成"大鳄"、龙套到明星，最关键、最具决定性的事情和因素，其实不是励志奋斗、专业智慧、机遇条件、雄厚资源、背景人脉等，古今中外几乎所有的成功人士（暂且不论何为成功），他们都只是在做同一件事：以合适的方式做适合自己的事情——找准了。好像还没例外。

（1）52岁成功创业、让对手发抖的人。许多知名的成功人士和创业者的经历和故事，大家都比较熟悉了。在这里看一个：2015财年，他的公司以1671亿元营收获得净利润604亿元，其利润规模是当地最大企业营收8872亿元、231亿元净利润的2.6倍；是我国同行业顶尖公司营收3950亿元、369亿元净利润的1.6倍；也是当今最火的最大的电商的营收和净利润的2倍多，在同业中遥遥领先，他就是忠哥。

当地人尊他为"半导体教父"，他被美国媒体评为半导体业50年历史上最有贡献人士之一，他入选全球最佳经理人，国际媒体称他是"一个让对手发抖的人"。

忠哥1931年生于浙江宁波。1949年赴美国留学，先后获得麻省理工学院机械系硕士和斯坦福大学电机系博士学位。27岁那年，作为

麻省理工学院毕业的硕士生，他与半导体开山鼻祖、英特尔公司创办人摩尔同时踏入半导体业，与集成电路发明人杰克·科比同时进入美国德州仪器公司。

1983年，忠哥因不看好公司的战略转型，在闷闷不乐中离开了德仪。离职的消息一经传出，很多的新工作便找上了门。再三考虑后，他选择了前往纽约，出任通用器材的总裁。但当时，他已52岁，重复职业经理人的道路对他而言，显然只是可接受，不愉悦，更不刺激。在他心中，他还需要一个其他意义上的崭新开始。

一个52岁的老人，接下来还能干啥？忠哥给出的答案是，重新出发，干出一番全新的事业，而且设定出伟大目标："当我办一个半导体公司，当然要它长期繁荣。那只有一条路——世界级。"如今的全球最大半导体制造代工公司因此诞生。

忠哥是一个可以定义一个产业的人。在他之前，IC业没有人在讲代工，IC怎么代工啊？我帮你代工生产IC？没有，所有的IC都是自己设厂自己做，Intel自己设立工厂，自己做IC，做芯片。可是张忠谋却说，今后的方向，IC设计和IC制造分开，IC的品牌又与IC的设计以及IC的制造分开。

忠哥的产品的价格比同类产品便宜很多，公司的毛利还能达到50%。他定义了一个产业，救活了当地的整个经济。忠哥与许多成功者有不少相似之处：强势、铁腕、壮志雄心又脚踏实地，而且也都比较我行我素，不喜欢混圈子逗闷子，也不称兄道弟、拉帮结派、走后门搞政商关系，更不投机倒把或钻法律的空子。只是，他也遭遇了知音难觅。

忠哥语录："我知道很多人不喜欢我，但我并不准备改变。"

（2）从乞丐到皇帝——人生的海底峡谷与珠穆朗玛峰。中外历史上，人生反差最大的，恐怕要推明朝开国皇帝。虽然人们对这个人物都不会陌生，但反观细察他的一生轨迹，从乞丐到皇帝，从人生低谷到巅峰，反差巨大。

看到叫花子与和尚，你首先会想到什么？在明朝，你一定会想到，这人说不定就是皇帝老儿当年的合作伙伴。不要小瞧了他，叫花子是可以当皇帝的；和尚，那就更有可能了。

从石头缝里能蹦出来个齐天大圣，从穷乡僻壤的夹缝里能钻出来个开国皇帝。他没有文化，没有好的相貌。为了混口饭吃，他做过乞丐、和尚。但是，就是这样一个从夹缝里求生存的人，将强大的元朝推翻了。他就是大明的开创者，小名朱重八，又名朱元璋。

14 世纪中叶，天灾人祸肆虐，一场瘟疫荡涤，朱重八一家未能幸免。水灾、蝗灾、瘟疫，像恶魔一样，夺去了朱重八父亲的生命；紧接着，妈妈、姐姐，也相继去了西方极乐世界。原本幸福的家庭，只剩下朱重八一个人，此时，他刚 17 岁。

站在安徽凤阳的大地上，他欲哭无泪。当时，他只有一个念头，就是要好好活下去。

在大雨之夜，他一个人扛着父亲快要腐烂的尸体出了门。家族里没有坟茔地，他只能随便找一处乱坟岗子，让父亲入土为安。走着走着，突然一阵惊雷响起，父亲的尸体从其身上滑下。朱重八就顺势在那里挖了一个坑，将父亲安葬了。①

平安能活下去，就是幸福。朱重八虽然没了亲人，但庆幸的是，在这场瘟疫中，他竟然能挺下来，一点疾病的征兆都没有。俗话说"大难不死，必有后福"。

只可惜，那个时代商业不发达，没什么打工的机会。朱重八该到哪里混饭吃，就成了一个大问题。这还得感谢他父亲，当初，父亲曾经给村口的皇觉寺捐了一点钱。寺庙的方丈记恩，朱重八得以进入空门，当了一名和尚。佛教，那是当时人们的精神支柱，和尚地位非同小可。而且，元朝的统治者对于佛寺向来看重，所以，僧侣的职业比当小吏强多了。在皇觉寺里，朱重八过的日子，就当时的情况来说，已经算是不错的。当时（1343 年），也是元末最黑暗的时刻，农民起义正在酝酿之中，天下即将大乱。

在佛寺里有吃有喝，虽然没酒没肉，但这样的日子，已经让朱重八很满足了。可是，好景不长，朱重八又一次面临着人生的选择。

---

① 就这一声雷、顺势的一个地点，带给了后人几多联想。

朱重八在皇觉寺仅享受了两个月的肚皮幸福之后，一个消息如晴天霹雳，让他对未来的憧憬彻底破灭了。原来，天下遇到大灾害，佛寺接受的上供也不多了。佛寺里的粮食不多了，解决的办法，那只有一个——裁员。很不幸，朱重八只好下岗另找工作。

这也难怪，朱重八不是老实本分的孩子，在佛寺里，数他最不守寺规。他偷东西，和小伙伴嬉戏，甚至于打架斗殴。这样招惹是非的人，是最不受领导器重的。

寺庙还承认朱重八是本寺的一员（保留编制，类似而又不同于如今的裁员），他们做了一个妥善的安排，叫"云游"。而且，大和尚还会一本正经地说，这样云游，可以增加你的道行。没准，你云游（讨饭）一圈，没饿死，就成佛了。朱重八就这样被连哄带骗地重新安排了工作。

没办法，拿起一根棍子，上面系一个破碗，朱重八开始了讨饭生涯。甭说，这讨饭，还真长见识。读万卷书，不如行千里路。朱重八，一个小乞丐，处在社会的最底层，饱尝人间艰辛，正是这种地位，使他深刻地感受到人性的恶与善。这段不长不短的讨饭生涯，让没文化的朱重八成熟了不少。他晓得了，人性是恶劣的，人是那么地虚伪。再说后来朱元璋（重八）为什么能将那么多聪明的人驾驭住，靠的就是这段讨饭时积累的人生宝贵经验。

讨饭归来，朱重八看到的却是残垣断壁的皇觉寺。他，彻底失业了。不得已，朱重八只好继续拿起了要饭的碗，漂泊四方。就在这一时期，他得到了一个消息，幼年非常要好的玩伴汤和，已经在军队里当官，只是在造反的队伍中。朱重八也顾不得那么多了，管他匪呀寇呀的，日夜兼程地去投靠汤和。

朱重八所处江淮地区，民风历来彪悍，在乱世，这里是最容易造反的。刘邦，就是从那块地区走出来的。要么讨饭，要么造反，这是当地人维持生计的两种办法。所以，朱重八那时去造反，不用去考虑也根本不会背上道德的包袱。

1352 年，朱重八来到了濠州城。如果不是汤和的求情，他差点被当成奸细而杀掉。不过，濠州城的造反头子郭子兴看中了朱重八满身的肌肉，留下他当了一个警卫员。从此以后，濠州城出现一景，万户汤和跟在小兵朱重八身后，毕恭毕敬的。这让人觉得很别扭。可不是吗？万户一职相当于现在的团长。团长给小兵当警卫员，八百年没见过。但是，这事就发生了。汤和，那是早就看出朱重八不是凡人。当然，能有这样战略眼光的人，不多。

朱重八，不，此时他改名朱元璋了。因为他投身部队，虽然干着造反的营生，但大小也是个职业啊，所以，朱重八这个名字不合时宜了。从此以后，朱元璋就与讨饭娃朱重八说拜拜了。朱元璋造反，那算是找到了人生的定位了。他打仗非常勇敢，不是一般人所能比拟的。所以没多久，朱元璋也就升官了。

每个成功的男人背后，都有一个贤惠的妻子。丑陋小兵朱元璋，三生有幸，得到了高官郭子兴女儿的一片痴情（据说，还有更大的官家里的女儿也喜欢他），冲着这份儿情，朱元璋也得好好干，做一个成功人士。当然，在乱世，所谓成功人士，一般都是军事强人（不像现在，一提成功人士，人们就联想到款爷）。朱元璋，不就正往这方面发展嘛？

不知怎么的，郭子兴很嫉妒朱元璋的才能，不仅经常找碴儿，还经常派朱元璋去啃硬骨头，有一次派朱元璋攻打重兵把守的定远。朱元璋明知不可为，但是，他还是要为之，他接受了命令。结果呢，朱元璋胜利了，而且带回了24名贴身骨干，这些人后来都成为明朝开疆辟地的名将。

对于朱元璋的胜利，郭子兴大失所望。朱元璋呢，也看出了郭子兴的心思。他对自己说，此处不留爷，自有留爷处。所以，他给郭子兴打个辞职报告，带着这24名个心腹独自去闯天下了。带着24个干将，当地又有造反的民风，朱元璋还愁拉不起队伍吗？没多久，朱元璋的大旗就竖起来了。而且，他手下的兵将是越聚越多。倒是整过他的郭子兴，因为斗不过敌手，被赶出了濠州城。不得已，郭只得投奔了女婿朱元璋。朱元璋不计前嫌，收留了这个落难的老丈人，还将一把手的位置让给了他。当然，郭子兴统率的毕竟是朱元璋的部队，他的位置，象征意义大于实际意义。有部队了，朱元璋不甘心只守着一个城池，他要扩展。他的眼光已经看到了天下。想当初，他讨饭的时候走过大江南北。那时候，他睡在大马路旁，就梦想着有朝一日他要占领这些地区，发誓要让那些歧视自己的人尝尝他的厉害。

从此，朱元璋开始了他打天下的旅程。朱皇帝以后的路子有许多不同版本的描述，此处就不再啰唆了。

朱元璋是我国历史上皇帝中比较卓越、具有传奇经历的人物。其功劳在于统一全国，结束战乱；鼓励生产，兴修水利；解放奴隶，消除腐败，为明朝前期的繁荣安定局面奠定了基础。历史故事难免会有演绎的成分，但在做乞丐、当和尚、领兵打仗以及与郭子兴的关系等关键点上，与正史记载的相吻合、得以印证。

"跟着感觉走"，并不是随意任性，并不是毫无目标，并不是不讲章法，这感觉，无论清晰或模糊，无论有意或无意，是对自己与别人不同之处、最适合干什么的自觉认知和把握，是对外界条件和机遇的确切判断与恰当的行为响应，非一日之功练就，也不祈求上天赐予，更不是仅靠文凭智慧决定，而是个性潜力的演化，关键的临界决策时的强劲爆发，由此一切就搞定了。

四、企业发挥员工个性优势的自我行为管理

我的个性优势在哪里，我的潜能究竟有多大，如何才能发挥我的优势？现代企业管理发展趋势中一个非常值得关注的动向是，由全员持股发展到全员管理（有一种提法更甚，称为："消灭"经理人），让每个员工都清楚自己的价值在哪儿，应该如何去做，能主动地进行自我行为管理。

（一）性格与职业匹配，让员工如虎添翼

人职匹配，双向精准：让职位找到合适的人，让人找到合适的职位，是自我行为管理的基础。让我们先通过记者对专家的一段采访来

看，如何实现人职双向精准匹配。

图 2 – 19 精准匹配

每个人都是独一无二的：有的人做事雷厉风行，有的人做事慢条斯理；有的人机智灵活，有的人爱钻牛角尖；有的人内心坚韧，有人内心脆弱……这些差异就是"性格"。一位心理学教授王先生说，性格没有"好"与"差"之分，但不同的性格特点对于不同的职业确实存在"匹配"与"不匹配"的问题，就如一个性格急躁的人很难做好服务业，而一个内向的人也很难做好销售工作一样。因此，明确自己的性格特点，并且选择适合自己的职业，是人生选择的重要一步。

一个人的个性会影响到职业的适宜度。当他从事的职业与其个性相吻合时，容易发挥其能力，做出成就，反之，可能导致其原有才能的浪费，或者必须付出更大的努力才能成功。

1. 性格与工作不匹配，会感到工作压抑

从我们的幼年开始，每个人身上就编织了一件无形的外衣：它渗透于我们的日常生活以及待人接物之中。这件外衣就是我们的"性格"。王教授说，性格是一个人稳定的心理特点，它的外在表现就是行为。性格有一定的遗传特点，也就是说，父母是怎么样的性格，孩子也很容易有同样的性格特点。

我们说"性格决定命运"，性格也影响着我们的职业（比如工作方式）、生活习惯（比如起居饮食）以及行为方式（比如人际交往）等方方面面，其实这在无形中要求我们的性格必须与我们的职业相匹配，比如从事财务工作的人要求细致谨慎，从事销售工作的人需要热情主动……不同类型的人在从事某些不同类型的工作时会更加得心应手，否则就会格格不入，做得很不舒心。

小陈是一个文静、内向的女孩，刚毕业的时候，考虑到户口、城市发展的因素，她进了一家企业的办公室做企划工作。半年下来，她发现自己不太愿意与人打交道，讨厌那些没完没了的沟通会，更是不喜欢一群人闹哄哄地做事，工作做得十分压抑，内心苦不堪言。

后来她痛定思痛，下决心辞职，去了一家杂志社做编辑，她真正体会到了工作的快乐，因为编辑这份工作不需要过多的上传下达，相对独立操作，她驾驭着自己喜欢的文字，内心丰富细腻的情感终于有了出路。她不仅能把自己独特的构思、想法，通过这些文章表现得淋漓尽致，版面也做得相当精致，很快成为杂志社的金牌编辑。

如果把一句比喻用在性格与职业上，则"性格如脚，工作如鞋"。合脚的鞋子能使你健步如飞，不合脚的鞋子再漂亮也会夹脚，甚至会磨破你的脚。所以，当你的性格与工作很不匹配时，你会感到工作无趣和压抑，与出色的工作表现永远是擦肩而过。

2. "顺应" OR "挑战"，选择时应慎重

当发现职业不适合自己，即职业角色的要求和你的性格特点不相匹配时，你该怎么办？王教授说，两个方法值得借鉴：顺应或者优化。"顺应本性"的做法是，如果你了解和认清自己的性格特点，发现自己和职业角色的要求很不匹配时，可以换一份工作，找一个适合自己个性特点的职业，发挥和强化性格中的优势，弱化和规避性格中的劣势。

而"优化性格"的做法完全不同，你需要改变自己已经定型的性格，逐渐改善性格与职业角色要求之间不协调的部分。比这个过程会很漫长，甚至经历较强烈的心理斗争，需要经历一番磨炼。例如，一个性格内向的人，需要在一个公开场合发表演说，会让他感到紧张或

将工作搞砸，如果他要将这项任务完成，可能花 1～2 周提前做好心理准备，克服面对大众时的害羞、胆怯和不善言辞等心理弱点。

王教授说，虽说"江山易改，本性难移"，但性格也会在人的成长过程中，通过各种事情的磨炼而改变一部分。比如有些粗枝大叶的人，干了几年会计工作后会变得细心、谨慎。有些人一向压抑封闭，但突然有些事激发了他的兴趣，同时受到了鼓舞，找到了自信，性格从此变得开朗活泼起来。

那么，面对性格与工作不匹配的时候，是选择顺应还是挑战自我，这需要每个人作出谨慎的选择。请记住两句话：如果找对职业，每一种性格都有可能发挥最大的优势；如果想挑战自己的性格弱点，就应该磨炼自己，去塑造和优化性格，这将更大程度上获得心理上的成功。

现在来看看几个不同行业的职场人士，他们如何看待自己的性格与职业之间的关系。

例一：会计。南方某省重金属冶炼公司财务总监龚先生：大部分从事财会工作的人，性格多内向平静、稳重、情感不易外露、善于忍耐、注意力不易转移。作为一家上市公司的财务总监龚总监说，从事20 年多年的财务工作，性格从内向也变得外向了，实际上，这也是自我不断完善的过程。

"在财务这一块，要求会计人员必须具备稳重心细、保守秘密等职业特征。有的人性格急躁，虽然动作快，但做报表经常出错。因此，心浮气躁的人不适合从事财会这一职业。"

龚先生如今的工作重点已经转移到企业融资，因而他经常需要与银行、券商及内部人员打交道，因为工作的历练，他也变得十分健谈，性格上也变得主动、热情。他建议，性格内向的会计人员也应该在性格上不断调整自己，让自己变得更加积极，参与企业的业务管理，从而发挥更大的作用。在这一点上，对单位的主管会计、财务经理、总会计师等财务管理层次高的会计人员要求会更高。

例二：医生。某省会城市医学院第三附属医院生殖中心主任龙先生："马大哈，粗枝大叶，是医生这一职业最大的禁忌，也是病人最大的灾难。"龙医师说，医生这一职业要求人善于观察、归纳和总结，手术医生更是要求心细手巧，富有同情心、耐心和爱心，这些都是从事医务工作的基本要求。

正是有这些性格上的要求，很多人感觉不适应，因而医生的流失率很高。

龙医师说，现在，对医生的要求越来越高，一名合格的医生除了博学多识、医术精良外，还有四点要求：一是同情、尊重、合作；二是正直和责任；三是追求卓越；四是公平而合理地运用各种医疗服务资源。

值得强调的是，如今的医生还必须具备很强的心理承受能力，内心强大，因为无论多么勤奋敬业的医生都会遇到挫折，一旦出现误诊误治，医生的心理状态便产生变化，失去平衡、紧张郁闷，感到人格上的伤痛和压抑。然而，现实的工作任务和道德规范要求，医生必须面对现实，承受痛苦，进行自我心理补救。

例三：幼师。某师范大学附属幼儿园副园长吴女士：传统观念认为，幼师就是"保姆"、"阿姨"，看着孩子就可以了。这几年开始重视学前教育的重要性，所以，目前在幼儿园里，老师要教 6 个学科：语言、数学、社会（合作分享）、健康（体育）、音乐（艺术）、科学（常识和手工）。

除了具备这些基本的知识技能外，幼师这一职业还要求在性格上是温柔的、耐心的、有爱心的。在国外，幼师还必须参加过义工、爱心服务等，遗憾的是，目前，在国内常常会忽略考察幼师性格、人品、师品等。

吴园长称，一个幼儿园老师通常要面对 20~30 个小朋友，这要求幼师精力旺盛、富有爱心和激情，同时还必须是一个善于自我调节、控制情绪的高手。

（二）刁民少见，庸官常有

"刁民少见，庸官常有"，博弈论的显示原理和激励机制设计理论告诉我们：把员工放到合适的位置上，让他们干自己感兴趣的事，与企业发展目标相吻合。这是对员工最大的信任和最有效的激励，能激发内在的、可持续的原动力和潜能，近年来还得到了"礼物交换"和"老板授权"等行为实验的有力实证支持。这些年，常挂在某些企业管理人员嘴边的一句话是："员工不好管"，这不是企业绩效上不去的理由，不是管理混乱的借口。现实中，真正不愿干、不愿意干好的员工少之又少，大多数情况下的主要原因是管理层素质低，企业没用好、没用对人。

有一家制鞋公司员工的工资在当地是中上水平，待遇也还不错，活儿不算太累，工作环境也还行，可是企业还是招不到人，这是企业的普遍问题了。老板吴总很是困惑，可是目前的车间现场管理比较乱，问他们为啥总是搞不好呢？他们解答，不好管，罚款他们也不做，到时哪里还有人！吴总真就没有方法了吗？

这个案例在企业日常管理过程中是常常遇见的，带有一定的普遍性。我们看到，企业的条件并不是很差，员工工资在当地应该算是有一定吸引力的，但仍然招不来、留不住人，为啥？其实，招不到人和留不住人只是表象，问题的症结出在企业的文化和管理上，即企业怎么营造一个以人为本、尊重个性、充满愿景、积极进取、富有人情味的企业文化，从根本上解决怎么管人、用人和激励人的问题。

"不好管，罚款他们也不做，到时哪里还有人"，这似乎成了车间管理混乱最好的注脚。按现代人本管理的理念，对吴老板而言，最好的方法或许是先把车间主任等类似的负责人换掉，也许他们才是问题的根源所在。因为，真正不想干、调皮捣蛋的工人不常见，而管理不好、没能有效地激励员工的管理人员和制度却是经常见到的。在本案例中，车间管理在他们的领域内似乎就是"罚款"两个字，除了罚款就没有更好的招数了，这样的庸才留着没有用，要么开除要么让其下基层干活，也许他在技术上是一个出色的员工，但却不是好的管理者。其实，车间管理是一个系统工程，而不能仅仅理解成列出"八不准"或"十不准"就完事。车间管理更是一个需要内在协调的体系，当然奖惩同样重要，要看怎么用。并且在制度导入之后，作为班组长甚至车间主任，能否去积极主动地带头执行这类制度，起到积极的表率作用也至关重要。

团队成员要真正做到有效的"自我管理"，作为团队的负责人（管理者）应当要做好以下方面的工作：

（1）确保选对了团队成员（这是前提，是在团队构建时必须要做好的工作）。

（2）根据企业发展战略目标厘清并明确团队的目标及实现目标的路径（行动措施和行动计划）。

（3）引导并指导每个团队成员结合团队目标及实现团队目标的路径，明晰各自的个性优势、自己的角色、职责和权限（位、责、权）。

（4）在明晰团队成员位、责、权的基础上，指导各自分解团队目标并制定各自的实现路径（行动措施和行动计划、时限要求），及各自的能力素质提升行动计划（通过行为能力实验测评，找出各自的优劣势和潜力，关键是如何发扬优势，怎样提升或弥补不足；值得注意的是个人能力素质提升行动计划，必须要与各自履行团队目标的位、责、权及组织发展的需求有机结合）。

（5）根据团队目标及公司的要求，给团队成员制定明确、清晰的工作结果标准（即团队目标达成结果标准，什么是优秀，什么是差；最好给出优秀的行为定义和行为举例）。

（6）制定团队工作的游戏规则（即激励机制与约束机制，这个机制不仅仅是薪酬机制），让团队成员明确知晓做得好会从公司（团队管理者或组织）得到什么的奖励或鼓励、肯定、认同；做不好又会受到怎样的处罚（这个处罚一定要具备危机感，起到威慑作用，度的把握很重要，既不能太过又不能太轻，具体执行时还要注意因人而异，原则性和灵活性相结合）。

（7）建立一个随机检查/抽查团队成员工作成果的机制（即什么时间你需要检查他们的工作情况），避免无监督状态。

（8）给予团队成员适当适时的指导与培训，并定期或不定期与团队成员进行"非正式"的沟通，了解并促进其反馈工作中遇到的困难且及时帮助解决，等等。

该公司有一个部门，上班铃响完了，员工才从车间门口慢悠悠地进入车间。为了提高产量，即使管理人员站在他们的身后，产量不仅没增加，反而下降了，而员工一刻也没歇息，下班时卫生还打扫不好。于是，按自我行为管理的思路，车间发布了一项新规定：核定好每天的产量，检查合格后可以获得签字提前下班，工资照发！后来，员工自己做了分工，部分人提前一小时到，上卫生间的次数也大大减少，中饭也不吃了，熬到下班回家吃；下班的时间也逐步提前，很快12点多就能完成同样的任务。为了缓和公司其他部门员工的羡慕嫉妒恨，再增加一倍的产量任务，半年后，下班时间又从16点左右提前到12点左右。那时候，管理人员每天只随机到车间去转一圈，车间随时可以接受客户审核，不仅节约了能耗，还收到员工20多项合理化建议，成本大幅下降。由此领悟到：管理，就是要尊重个体差异、考虑把个人的利益和公司的利益结合起来，这个利益不完全等于工资、奖金。千万不要低估了员工的潜能，他们有很多点子稍加修饰就可以创造生产力。

（三）淡化管理层，员工自我管理

世上还真就有这么一家公司，它真的做到了取消管理层级，所有员工位于同一个层面，高度分权而又步调精确协调一致。这个企业叫晨星公司，是世界上最大的番茄加工商。20多年来，这家公司一直在没有管理人员的情况下成功运转着。在这里，每个人都没有老板，员工相互协商职责范围，谁都可以使用公司的资金，每个人自己负责获取工作所需的工具。

晨星公司入选了2012年第一期《哈佛商业评论》中文版的封面文章，成为《首先，消灭所有经理人》的主角。这篇文章深入剖析了晨星公司独特的管理模式，使人们明白这一运作模式背后的机理。晨星公司的愿景是创建这样一家公司：所有成员"都是自我管理的专业人士，他们主动与同事、客户、供应商和业内同行进行沟通并协调彼此的活动，无须听从他人的指令"。比如说，晨星的每个员工都要制定自己的个人使命宣言，阐明自己将如何致力于实现公司的目标，即"生产的番茄产品和提供的服务始终符合客户的质量和服务期望"。每年，员工都会与工作关系最为密切的同事商定一份谅解协议，这份协议实际上就是员工完成个人使命的执行计划。这些谅解协议厘清了晨星全职员工之间大约3000种正式的工作关系及人际关系。

在晨星，员工完全自我管理，自己负责完成工作，获取工作所需的工具和设备，以及招聘人员。晨星没有集中界定职责岗位，员工在提高技能和获得更多经验后，就有机会承担更大的职责。同时，每个员工都有权提出任何领域的改进建议，并有责任领导变革。晨星没有层级结构和职衔，因此也就没有晋升阶梯，实际上意味着每个员工都有无限的发展空间，因此他们鼓励员工积聚影响力，而不是谋求晋升。

晨星公司也代表着典型的企业2.0的管理模式，正好与人力资源管理2.0不谋而合。虽然这种管理模式目前看来还并不是很普遍，但这种管理模式适用于大大小小的公司，尤其是那些知识密集型的公司。不过，要实现这样的蜕变，需要时间、努力和激情。对于中国的中小企业而言，这更是一个巨大的转变和极佳的机遇，就看各位准备好了没？

李嘉诚先生曾经在汕头大学的一次报告中畅谈了对于经理人的看法："想当好经理人，首要的任务是知道自我管理是一重大责任，在流动与变化万千的世界中发现自己是谁，了解自己要成为什么模样是建立尊严的基础。自我管理是一种静态管理，是培养理性力量的基本功，是人把知识和经验转化为能力的催化剂。"现实生活中，那些极其成功的经理人，如韦尔奇、艾科卡、松下幸之助、格鲁夫、盖茨……他们都首先是自我管理成功的典范。

佛堂里的一块大理石地面，有一天抬起头来对佛像说："我们原本来自于同一座山里的石头，可现在我躺在这里，灰头土脸，受万人踩踏，而你却站在那里，高高在上，受万人膜拜，世道为什么如此不公平呢？"佛像说："是的，我们来自深山同一块石头，但我经过了几个石匠数年的打磨，才站在这里，而你只接受了简单的加工，所以你就只能铺在地上给人垫脚啊。"当然，佛像有佛像的作用，地板石有地板石的用途，两种命运的分歧就在于石匠加工的目的不同，花费的功夫不同，对于人来说，就是人生目标、经历和行为的不同。

类似的事发生在企业，为什么有些人薪资高，获得领导的青睐并重用，而有些人却总是不得好，得不到认可？为什么许多人有才学，具备成就事业的种种能力，但成功却总是远离他们？问题出在哪儿？关键区别在于你是否经过"打磨"。其实，道理是相通的，佛像的打磨要靠石匠的外力来实现，我们员工的"打磨"却只能靠自身的内在力量，那就是——自我管理，行为管理。试想，每个人都管住自己的行为了，知道什么时候该干什么事儿、该如何干好事儿，何愁企业不兴旺，何愁绩效上不去?!

五、行为能力实验测评试题和常用表格工具选集

（一）行为面试聊些啥

随着就业压力和市场竞争的不断加剧，各个公司为了招聘到优秀人才，面试方式也与时俱进、花样翻新。所以，求职者要想在面试过程中表现得好，企业要想找到合适的人才，不仅要有专业知识和心理准备，还应当掌握一定的面试技巧，知晓面试中的一些常见问题，如此才有利于招聘方和应聘方的双赢。

1. 请作一下自我介绍

要点：这是最常问到的一个问题，也是很好的开场问题。回答提示：一般回答只是说姓名、年龄、爱好、工作经验，这些在简历上都有。其实，企业最希望知道的是求职者能否胜任工作，包括最强的技能、最深入研究的知识领域、个性中最积极的部分、做过的最成功的事，主要的成就等，并要尽可能地而且是很自然地（不显山不露水）

突出积极的个性和做事的能力，说得合情合理企业才会相信。

表 2-1   围绕 STAR 所进行的追问要点

追问背景和任务（Situation/Task） 当时的情况怎么样	·为什么要这么做？什么时候？在哪里 ·主要的问题和困难在哪里 ·有什么数字可以衡量当时的情况吗 ·是你主动发现的问题还是领导交代的任务
追问行动（Action） 你做了什么	·你是如何分析的？与谁一起做 ·这个决定需要谁批准？你是怎么说服其接受的 ·这个人具体做什么 ·花费了多长时间？主要克服了哪些困难
追问结果（Result） 结果怎么样	·有无量化结果进行衡量 ·相关人员（如客户）有何反应？有无提供后续服务 ·你有没有总结经验教训

2. 你希望在工作中能够获得什么

要点：让你的答案来源与这个公司提供的机会。谈论你希望能够大展身手并获取认可的要求。注意尽量让你的答案基于工作机会，而不主要是个人的要求。

3. 你对于我们公司了解多少

要点：在去公司面试前上网查一下该公司主营业务。如回答：贵公司有意改变策略，加强与国外大厂的 OEM 合作，自有品牌的部分则透过海外经销商；要尽量有针对性，用该公司熟悉的表达方式。

4. 你能为我们公司带来什么

要点：①假如你可以的话，试着告诉他们你可以减低他们的费用——"我已经接受过近两年专业的培训，立刻就可以上岗工作"。②企业很想知道未来的员工能为企业做什么，求职者应再次重复自己的优势，然后说："就我的能力，我可以做一个优秀的员工在组织中发挥能力，给组织带来高效率和更多的收益"。企业喜欢求职者就申请的职位表明自己的能力，比如申请营销之类的职位，可以说："我可以开发大量的新客户，同时，对老客户做更全面周到的服务，开发老客户的新需求和消费。"等等。

5. 你为什么要辞去现在的工作（上一个工作）

要点：在不伤害你自己的情况下要简明扼要并诚实的回答这个问题，尽量不使用贬低原公司的词语；回溯到你寻找工作的计划阶段，那时你正在把这个话题当作你的工作经历。如果你是在一次公司裁员中被裁掉的，直接说出来好了并客观分析原因；另一种情况，要指明这次离职是自己的决定，不去涉及任何关于性格冲突等一段时间内不可改变的问题。

6. 在五年的时间内，你的职业规划

要点：这是每一个应聘者都不希望被问到的问题，但几乎每个人都会被问到。要知道，公司和考官总是喜欢有进取心的应聘者，此时如果说"不知道"，或许会使你丧失一个好机会。最普通的回答应该是"我准备在技术领域有所作为"或"我希望能按照公司的管理思路发展"，既说出发展方向和努力方式，又不具体说什么职位，以便与企业设定的考虑员工成长的多元化目标和职位相吻合。

7. 如果通过这次面试我们单位录用了你，但工作一段时间却发现你根本不适合这个职位，你怎么办

要点：一段时间发现工作不适合自己，有两种情况：①如果你确实热爱这个职业，那你就要不断学习，虚心向领导和同事学习业务知识和处事经验，了解这个职业的精神内涵和职业要求，力争缩小差距；②如果你觉得这个职业对你来说是可有可无，那还是趁早换个职业，去找适合你的、你热爱的职业，那样你的发展前途也会大点，对单位和个人都有好处。

8. 对薪资的要求

要点：这是个不可回避的问题，也很难把握。如果你对薪酬的要求太低，那显然贬低自己的能力；如果你对薪酬的要求太高，又容易给别人造成眼高手低的印象，公司受用不起。一般来说，常规的招聘时雇主通常都事先对应聘的职位定下开支预算，因而他们提出的薪资标准往往是他们规定好的，他们问你只不过想证实一下，这笔钱是否足以引起你对该工作的兴趣。

回答样本一：我对工资没有硬性要求，我相信贵公司在处理我的问题上会友善合理。我注重的是找对工作机会，所以只要条件公平，我不会计较太多。

回答样本二：我受过系统的软件编程的训练，不需要进行大量的培训，而且我本人也对编程特别感兴趣。因此，我希望公司能根据我的情况和市场标准的水平，给我合理的薪水。

回答样本三：如果你必须自己说出具体数目，请不要说一个宽泛的范围，那样你将只能得到最低限度的数字。最好给出一个具体的数字，这样表明你已经对当今的人才市场作了调查，知道像自己这样学历的雇员是什么样的价值。

回答时的核心是，要让对方了解你的能力和期望薪资是否匹配。

9. 说说你最大的弱项

要点：这个问题企业问的概率很大，通常不希望听到直接回答缺点是什么等，如果求职者说自己太具体的性格缺陷，企业肯定不会录用。绝对不要自作聪明地回答"我最大的缺点是过于追求完美"，有的人以为这样回答会显得自己比较出色，但事实上，他已经岌岌可危了。企业喜欢聪明的求职者，比较偏爱求职者从自己的优点说起，中间带出一些小缺点，最后再把问题转回到展现优点时不可避免地会暴露出的一些缺点。

10. 你对加班的看法

要点：实际上好多公司都会问加班这类情况，问此类问题时，并不一定说你求职的职位一定会多加班，只是想测试你是否愿意为公司做贡献。所以，最好是分类、从两个方面回答这一问题。

回答样本：如果是工作需要我会义不容辞加班，我会想办法克服个人私事和家庭负担，可以全身心地投入工作；但同时，我也觉得提高工作效率，可减少一些不必要的加班。

11. 你朋友对你的评价

要点：想从侧面了解一下你的性格及与人相处方面的问题。回答这类问题时，最好有具体的事例。

回答样本一：我的朋友都说我是一个可以信赖的人。因为，我一且答应别人的事情，就一定会做到；如果我做不到，我就不会轻易许诺。

回答样本二：我觉得我是一个比较随和的人，与不同的人都可以友好相处。在我与人相处时，我总是能站在别人的角度考虑问题。

12. 在完成某项工作时，你认为领导要求的方式不是最好的，自己还有更好的方法，你应该怎么做

要点：①原则上我会尊重和服从领导的工作安排，同时私底下找机会以请教的口吻，婉转地表达自己的想法，看看领导是否能改变想法；②做事前先提出建议，如果领导没有采纳我的建议，我也同样会按领导的要求认真地去完成这项工作；③还有一种情况，假如领导要求的方式违背原则，我会坚决提出反对意见，如领导仍固执己见，我会毫不犹豫地再向上级领导反映。

13. 如果你的工作出现失误，给本公司造成经济损失，你认为该怎么办

要点：①我本意是为公司努力工作，如果造成经济损失，我认为首要的问题是想方设法去弥补或挽回经济损失，如果我无能力负责，希望单位帮助解决；②分清责任，各负其责，如果是我的责任，我甘愿受罚，如果是一个我负责的团队中别人的失误，也不能幸灾乐祸，作为一个团队，需要互相提携共同完成工作，安慰同事并且帮助同事查找原因总结经验；③总结经验教训，一个人的一生不可能不犯错误，重要的是能从自己的或者是别人的错误中吸取经验教训，并在今后的工作中避免发生同类的错误，检讨自己的工作方法、分析问题的深度和力度是否不够，以致出现了本可以避免的错误。

14. 如果你做的一项工作受到上级领导的表扬，但主管领导却说是他做的，你该怎样

要点：我首先不会找那位上级领导说明这件事，我会主动找我的主管领导沟通，因为沟通是解决人际关系的最好办法，但结果会有两种：①我的主管领导认识到自己的错误，我想我会视具体情况决定是否原谅他；②他变本加厉地来威胁我，那我会毫不犹豫地找我的上级领导反映此事，因为他这样做会造成负面影响，对今后的工作

不利。

15. 谈谈你对跳槽的看法

要点：这是一个颇受关注的敏感问题。要注意表明：①正常的"跳槽"能促进人才合理流动，应该支持；②频繁的跳槽对单位和个人双方都不利，应该反对。

16. 工作中你难以和同事、上司相处，你该怎么办

要点：①我会服从领导的指挥，配合同事的工作；②我会从自身找原因，仔细分析是不是自己工作做得不好让领导不满意，同事看不惯，还要看看是不是为人处世方面做得不好，如果是这样的话，我会努力改正；③如果我找不到原因，我会找机会跟他们沟通，请他们指出我的不足，有问题就及时改正；④作为优秀的员工，应该时刻以大局为重，即使在一段时间内，领导和同事对我不理解，我也会做好本职工作，虚心向他们学习，我相信，他们会看见我在努力，总有一天会对我微笑的。

17. 假设你在某单位工作，成绩比较突出，得到领导的肯定，但同时你发现同事们越来越孤立你，你怎么看这个问题，准备怎么办

要点：①成绩比较突出，得到领导的肯定是件好事情，以后更加努力；②检讨一下自己是不是对工作的热心度超过同事间交往的热心了，加强同事间的交往及共同的兴趣爱好；③工作中，切勿伤害别人的自尊心；④不在领导面前搬弄是非。

18. 你会在公司工作多久

要点：首先表明对在这个公司的职业生涯很感兴趣，可是也得承认你必须能够不断感觉到有挑战，才能够继续在任何公司待着；可以考虑这样的语句"只要我们双方都感觉有收获，而且会努力这样做的"。

19. 你长期的目标是什么

要点：回到你寻找工作的计划阶段。一般情况下，既要明确希望的职位，又要有一定的灵活性和余地。把你的目标与你面试的公司联系起来，"在你们这样一个公司，我希望能够……而且，我相信公司会这样做的。"

20. 你还有什么需要进一步了解的吗

要点：企业的这个问题看上去似乎可有可无，其实很关键，企业不喜欢说"没问题"的人，因为现在的企业都很注重员工的个性和创新能力。企业不喜欢求职者问个人福利之类的问题，但可以从另外的角度问：贵公司对新入公司的员工有没有什么培训项目，我可以参加吗？或者说贵公司的晋升机制是什么样的？这样的回答可能会受到企业的欢迎，因为表现出你对学习的热情和对公司的忠诚度以及你的上进心。

以上分享的是行为面试常见的一些问题及回答时需掌握的要点。当然了，面试的方式多种多样，很多面试官都不可能按常理和既定套路出牌。求职者要想通过面试，遇到新颖的问题要能够随机应变。不过，万变不离其宗，行为面试设计好了，其实就可以看成是以后工作的缩影，也是基于情景模拟的应聘者行为能力的定向展现。

（二）行为能力测评试题

行为能力测评体系，更加关注各类行为表现的内在关联和本质特征，所以在实测过程中，既要有分类的试题的实施，又要设计好整体的结构体系。此处选择的各组成部分及关联顺序依次为：方向动力—人格品行—个性潜力—思维认知—交往沟通—统御全局。

1. 行为能力分类测评经典试题选

（1）方向动力。

1）成就需要。成就需要是指对取得工作上的成功或自我的发展有强烈的要求，有明确的成就感意识，勇于挑战难题，为追求高于一般标准的业绩而采取行动。

操作中需要着重了解和把控的关键点：

a. 渴望把事情做得完美；

b. 关注结果，也注重效率；

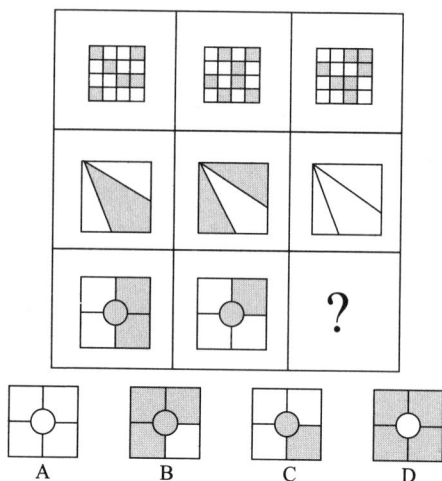

图 2 - 20   行为能力测试

c. 富于挑战性，又脚踏实地；

d. 面对困难时有决心、有信心，不轻言放弃；

e. 尝试用多种方式争取达成目标；

f. 敢于直面成功和失败，勇于总结经验、承认失误、寻求改进；

g. 积极主动，锐意进取。

推荐行为面试题目：

a. 请介绍一个你主动为自己设立的具有挑战性的目标，你是如何实现这个目标的。

b. 请讲一个你在工作中如何做到极致的例子。

c. 请描述一个你为了实现目标而付出巨大努力或牺牲的例子。

d. 请描述你为自己设立的最重要的目标是什么，是如何实现的？

e. 请给我讲一个你没能实现的目标，为什么没能实现？

2）坚韧性。坚韧性，或坚持，是指在行动中方向明确、坚定不移，即使遇到重重困难，还能够努力不懈并达到既定目标的一种心理品性。

操作中需要着重了解和把控的关键点：

正面考察：

a. 面对挫折时能够保持情绪的稳定；

b. 遇到挑战或在巨大的压力下能够坚持工作；

c. 能够积极寻找有效的方法解决困难、缓解压力。

询问负面：

a. 当遇到不同意见或攻击时就会犹豫不决；

b. 在还没有达到最初的目标时就妥协了；

c. 不愿承担责任。

推荐行为面试题目：

a. 请讲一个你的工作习惯，这个习惯是如何帮助你获得成功的，坚持多久了，坚持的主要理由是什么，形成习惯的过程中，你遇到过哪些阻力？

b. 请描述一段工作经历：当你遇到了巨大的挑战或困难，你是怎样设法去克服困难完成这项任务的？

c. 请讲一个别人都以为可以放弃了，而你却坚持完成的工作任务。

d. 请讲一个你中途放弃的项目或工作，为什么会放弃，事后有遗憾吗？

e. 请描述一次你很努力地去做一项工作，但却没有成功的经历，主要原因是什么。

3）主动性。主动性是指在没有被实际和他人要求的情况下，发现需求并自发地采取行动以实现工作目标。

操作中需要着重了解和把控的关键点：

a. 能想在他人前面，能够意识到并根据当前的情形行事；

b. 在事情发生前就有所准备，并能准确把握机会，为了寻找新的机会，会努力拓展工作内涵，获取新技能、新经验；

c. 能够主动承担更多的工作和责任；

d. 能够独立行动，改变事情的发展方向；

e. 为完成目标而迅速采取一些措施，能贡献自己的建设性意见，使得结果超过预期。

推荐行为面试题目：

a. 请描述一个你曾经做过的分外工作的经历，你为什么要承担这些工作，在此过程中，获得过他人的支持和帮助吗？

b. 请描述一次你主动改变，从而使你的工作变得更有效率或更轻松的经历。

c. 请描述一个由你发起的项目或工作，你为什么认为有必要这样做？实施的结果是怎样的？

d. 请讲一个你在信息不充分、缺乏指导的情况下完成的项目或任务。

e. 请举一个由于你的努力而使一个项目或想法得以成功实施的例子。

4）激情。激情是指无论遇到何种挫折与失败，始终热爱所做的工作，保持旺盛的精力和良好的心态，愿意为之付出努力。

操作中需要着重了解和把控的关键点：

a. 对组织的前景和自身发展及相互关系有所了解，对未来有憧憬；

b. 持有积极的、进取的态度，并且不是光说不做，行动迅速、有步骤、有条理；

c. 对从事的工作充满热爱，愿意付出更多的努力，不仅自己工作充满热情，而且能够激发团队的热情；

d. 面对各种挫折与失败仍然能够保持积极的工作态度。

推荐行为面试题目：

a. 当初入职场的新鲜感逐渐消失，一切归于平淡时，你是如何保持对工作的激情的？

b. 请谈谈你如何影响你的团队，让他们跟你一样在工作中充满激情的？

c. 请回忆一下在你的工作经历当中最能体现你激情的时候，当时你都做了什么？

d. 回想一次愉快的工作经历，这次经历让你感到很兴奋、精力充沛。请谈谈当时的情况，并告诉我为什么它会让你感到满意。

5）责任心。责任心是指在工作中能够主动采取行动，勇于承担工作职责，积极为组织或团队发展、协调人际关系作贡献的一种个性品质。

操作中需要着重了解和把控的关键点：

a. 对工作保持一种积极负责的态度，值得信赖；

b. 为了成功完成工作而保持高度热情；

c. 做事深思熟虑，精准、系统、高效、坚韧、勤奋、有条理；

d. 在工作中追求卓越，能够为工作付出额外的努力；

e. 组织意识强，认同和支持组织的目标，遵守规定和程序。

推荐行为面试题目：

a. 当客户要求你提供职责之外的服务时，你是如何做的？请举例说明。

b. 在日常工作中，你有没有为了把事情做到极致而付出了常人无法付出的努力的经历？请详细描述。

c. 你所在公司的目标是什么？你是如何理解的？为了达成这个目标你做过哪些努力？

d. 工作中难免会有挫折，但遇到困难时，你是怎么做的？请举一个具体的事例。

e. 请讲述一次你主动帮助一位业务上不太熟悉的员工提升能力的经历。

6）组织融合。组织融合是指使个人的行为与组织的价值观、原则和目标保持一致。

操作中需要着重了解和把控的关键点：

a. 愿意帮助他人完成工作任务；

b. 能够根据组织的要求调整自己的活动；

c. 具有合作精神，以便更好地达成组织目标；

d. 关注组织的长期发展；

e. 为符合组织的要求而放弃个人或专业上的利益。

推荐行为面试题目：

a. 你所在组织的价值观或目标是什么，你对此有什么看法，你是如何调整自己帮助组织实现目标的？

b. 你如何为组织的发展献计献策，请描述这样一次经历：当你出于对组织有益的考虑做了不受欢迎的决定时，你是如何做的？

c. 当你发现了有悖于组织目标或价值观的行为时，你是怎么做的？请举例说明。

d. 请描述一次你主动参与一个不受欢迎但是对于组织长期发展很有利的项目的经历。

e. 当个人或专业上的利益与组织的目标发生冲突时，你会怎么样处理？请举一个例子。

7）学习适应性。学习适应性是指有内在动力促使个人去学习，以达到与组织和外部环境相适应、有助于个人成长目的的行为习性。

操作中需要着重了解和把控的关键点：

a. 相信学习的作用，愿意为之付出时间和精力；

b. 好奇心强，有探索精神，能够运用恰当的学习方法，具有较强的记忆能力；

c. 有明确的学习方向，能够通过个人不断的努力把新知识组合到自己的认知结构中；

d. 在学习过程中能有意识地调整改进自己的行为，更好地适应外部环境和组织要求；

e. 在遇到困难和挫折时仍能保持学习的热情。

推荐行为面试题目：

a. 孔子有一句名言"知之者不如好之者，好之者不如乐之者。"请结合自己的经历谈谈你是如何理解这句话的？

b. 请谈谈在你的工作当中需要掌握新知识的经历，请讲述一次你努力学习专业知识，从而帮助团队提高工作效率的经历。

c. 你最近学习了哪些新知识？为什么要学习这些新知识？如何学的？有什么收获？如何应用到工作中的？

d. 你在学习过程中遇到的最大困难是什么？如何解决的？

e. 与别人相比，你有什么特殊的学习方法吗？请举例说明这种方法对你的帮助。

8）追求卓越。追求卓越是指对个人的能力和工作表现有高于一般标准的要求，能够持续关注工作表现是否令人满意，并不断学习、改善，力求全面地提升。

操作中需要着重了解和把控的关键点：

a. 不断追求更高的绩效，为自己设定的目标往往高于他人的要求；

b. 充分利用组织中的各种资源，不断获得工作所需要的知识与技能；

c. 为了实现目标，既能与他人竞争，也能与他人合作；

d. 为了能够实现目标而承担额外的工作与责任；

e. 当失败时，能够尝试不同的方式或行为来达到目标。

推荐行为面试题目：

a. 请谈谈你在工作中是如何不甘平淡、追求卓越的。

b. 为达到卓越的绩效，需要付出巨大的努力，请讲一次你在这方面印象最深刻的经历。

c. 请讲述你通过不厌其烦地持续改进某个工作流程的细节，以求得最优工作质量的实际经历。

d. 请讲述在领导对你负责的某项工作已经非常满意的情况下，你仍然给自己制定更高标准，超越自我、实现更大的成绩的实际例子。

e. 请回忆一次你所承担的工作遇到困难，领导决定放弃的情况下，你仍然努力尝试新方法的经历。

9）行动导向。行动导向是指在工作中表现出很强的主动性和行动力，能预见行动方向上可能发生的变化，乐于接受变化，能够设立长期的发展目标并努力付诸实现。

操作中需要着重了解和把控的关键点：

a. 强调行动的重要性，为实现目标会付出巨大的努力；

b. 设立有挑战性的目标，工作绩效优于所期望的；

c. 能够在别人之前看到需要改变的地方，并愿意承担风险来开始变革的历程；

d. 在行动前能够全面考虑问题的各个方面；

e. 能够抓住机会，使工作做得更好，个人和专业都能有所发展。

推荐行为面试题目：

a. 请描述一个你做过的很有挑战性的工作。

b. 为了实现你为自己设立的目标，你都会做哪些工作？请举例说明。

c. 当你发现工作中需要改变时，你会怎么做？请讲一次你去完成一项你并不喜欢的项目或任务的经历。

d. 有些人在工作中总是拖拖拉拉，而耽误了宝贵的时间，当你遇到这样的情况时会怎样做？为什么？

e. 有时候会出现这样的情况：尽管当时你已经很忙了，但还有一项更重更的工作需要你来做。那你会怎么做使每件事都能顺利完成？

10）个人发展和成长。个人的全面发展和顺利成长是指在适当的时候进行自我评价，了解自己的不足，并能够设定目标，主动地改善和发展自己。

操作中需要着重了解和把控的关键点：

a. 清楚地了解自己的优缺点和有待加强的地方；

b. 强调责任感和持续的发展；

c. 在遇到困难时，能够向外界寻求帮助；

d. 愿意接受别人的意见反馈，并能在日常的工作中注意改正，提升工作绩效；

e. 能够从挫折失败中吸取经验教训。

推荐行为面试题目：

a. 团队中的每个人都有自己的优缺点，请讲一次你发挥自己的特长帮助团队完成目标的经历。

b. 请举例说明，你是如何完善自己，改进自己的缺点或不足的？

c. 在上一次绩效考核时，你需要改进的方面有哪些？你是如何改进的？

d. 在你的工作经历当中，最失败的经历是什么？你从中学到了什么？你又是怎样把这个经验应用到工作中的？

e. 请描述一次暴露了你的很多缺点的工作经历，为什么会暴露这些不足，你学到了什么，又是如何提高的？

（2）人格品行。

1）大局观。大局观是指从全局、多方位的角度看待问题，并能基于整体的利益和目标做出决策。

操作中需要着重了解和把控的关键点：

a. 有战略眼光，从全局的角度出发分析问题，用联系的观点观察局势、发现规律；

b. 不计较一时一事的得失，深谋远虑，眼光长远；

c. 在纷繁的全局中，理出思路，抓住重点，正确地制定战略目标。

推荐行为面试题目：

a. 请讲述一次为了大局利益，你接受了一项你并不擅长的艰苦的工作任务的经历。

b. 有时候为了确保公司的整体利益，不得不放弃个人或部门的利益，请讲讲你在这方面的经历。

c. "不识庐山真面目，只缘身在此山中。"请谈一次你能够在纷繁的局面中，不就事论事，跳出系统之外寻求答案，抓住规律、解决问题的经历。

d. 有时人会由于所处位置而不能看到全貌，被一时一事的得失所影响，请回忆一下，你有没有过克服这种影响，用更长远的眼光看问题，从而使工作做得更好的经历。

e. "见一叶而知深秋，窥一斑而见全豹"，请讲讲你有没有过类似的经历。

2）正直。正直是指一个人能够做到言行一致，公开、直接地沟通自己的想法、观点和感受。

操作中需要着重了解和把控的关键点：

a. 能够通过恰当的、有益的方式把事实表达出来，赢得广泛的支持与信任；

b. 展现出很高的道德标准，并深知如果违背了这些标准，对于组织和个人会产生什么样的影响；

c. 行动与自己所相信的价值观一致，不会为了个人的利益而误导他人或发表不属实的言论；

d. 即使不被他人接受，也愿意挺身而出，为正确的事情据理力争；

e. 对于工作环境态度坦诚，在不必说或甚至如能不说对自己更好时，仍能表达自己的想法；

f. 按价值观行事可能会面临损失或冒险，当遇到阻力或困难时，仍然能够坚持按自己的价值观做事。

推荐行为面试题目：

a. 请讲一个你曾经遇到的行事有悖于公司或客户利益的人，你是怎样对待他的？

b. 办公室里会存在偷窃现象，请讲讲你遇到的这样的例子，你是如何处理的？

c. 请你讲一个这样的经历：别人让你撒个谎以便争取一个很重要的客户，你是怎么做的？

d. 在工作环境中，个人的价值观会受到巨大的挑战，请讲述一次这方面的经历。

e. 当你发现同事的行为违反了公司的有关规定或做了很不道德的事时，你会怎么做？请举实例说明。

3）公平。公平是指一个人在处理事情时客观中立，不偏不倚，不偏向任何一方。

操作中需要着重了解和把控的关键点：

a. 按照相同的标准或原则评价、考核下属；

b. 做事不偏不倚，一碗水端平；

c. 注重人际间的公平，让员工感到受尊重和关怀；

d. 能够进行坦率的讨论；

e. 不给予特殊的待遇；

f. 对组织内部决策的必要信息进行共享，不刻意隐瞒。

推荐行为面试题目：

a. 请你回忆一下，有没有过努力克服喜好，公平对待所有下属的经历？

b. 请讲讲你是如何在团队中营造一种坦诚、公开的气氛的？

c. 有些下属会比较难缠，你会如何保证自己能够公平地评价这些员工？请举例说明。

d. 请讲一个由于某些原因你没能公正地对待你的下属，如领导要求你对某位下属给予特别照顾的经历。

e. 请谈谈你在绩效考核方面的经历，你是如何确保自己能够公平地评价所有下属的？

4）诚信。诚信是指诚实守信，具有责任感，言必行，行必果，能够履行承诺而取得并且不断增强他人对自己的信任。

操作中需要着重了解和把控的关键点：

a. 言行一致，对自己的承诺负责，值得信赖；

b. 对他人坦诚、直接，讲真话，保持始终如一；

c. 对他人与自己分享的信息能保守秘密；

d. 做事公平，承担应承担的责任或工作；

e. 当组织面对困难时，能解决问题，而不是去挑错和责备他人。

推荐行为面试题目：

a. 孔子有句名言"民以诚而立"，请结合你的经历谈谈你对这句话的理解。

b. 请讲讲你因为信守诺言而赢得客户或同事信任的例子。

c. 有些诺言实现起来会比较困难，请回忆一下你遇到的最难实现的诺言。

d. 请回忆一次你在工作中与人发生冲突的经历，当时你是如何处理的？

e. 请结合你的亲身经历，谈谈当你所领导的团队在一项重要工作中出现差错时，你是如何处理的？

5）遵守规则。遵守规则是指对规则有清晰、明确的认知和自觉遵守，在遇到困难或挑战时也能够照章办事。

操作中需要着重了解和把控的关键点：

a. 对工作中涉及的各种规则有深入的了解；

b. 诚实守信，即使面对困难，也不做违反规则的事；

c. 自觉按规则办事，并督促他人遵守规则；

d. 具有一定的灵活性，在坚持规则的同时，考虑具体情景的特殊要求；

e. 不盲从，在必要的时候对规则进行修改或重新制定规则。

推荐行为面试题目：

a. 请谈谈你在遵守规则方面印象最深刻的一件事情。

b. "按规则办事"说起来简单，做起来却有很大的难度，请谈谈你在这方面遇到的最大的困难是什么，当时你是如何处理的？

c. 请谈谈你在工作中没有遵守规则的经历，当时的情况是怎样的，你是如何做的？

d. 有没有过这样的经历：你的下属或同事为了更好地完成工作，提出来一个有违公司规定的方法，你当时是怎么处理的？

e. 请讲一次你在工作中发现现行制度的不合理之处，及时提出，并加以改进的经历。

（3）个性潜力。

1）自我效能感。自我效能感是指一个人对自己做事能否取得明显成效、达到特定成就所具有的信念。

操作中需要着重了解和把控的关键点：

a. 相信自己具有成功完成一项任务的能力；

b. 把困难的任务当作有待征服的挑战而非需要回避的威胁；

c. 在活动中促进内在的兴趣和深层次的投入；

d. 在失败面前能很快恢复效能感，并更加努力；

e. 将失败归因为不够努力或缺少可以获得的知识及技能；

f. 面对负面的反馈会更加努力；

g. 易产生个人成就感，容易消除紧张。

推荐行为面试题目：

a. 请讲一个你最近接受的一项有挑战的任务，你是怎么做的？

b. 现实总是充满了阻碍、逆境、挫折、失败和不公，如果你和上级的意见发生了冲突，你会如何处理？请举例说明。

c. 如果有一项很困难的工作你所在团队的成员都不愿承担时，你是否会主动接受这项工作？请举例说明。

d. 请讲述一次你的失败经历，你认为是什么原因造成了这样的结果？你是如何重建自信的？

e. 在绩效考核中，你是否收到过一些负面的反馈？面对这些信息，你是如何做的？

2）自我监控。自我监控是指一个人能留意观察，并根据外部情境因素变化而调整自己行为的能力。

操作中需要着重了解和把控的关键点：

a. 对环境很敏感，根据情境的不同而调整自己的行为举止；

b. 灵活性好，能够很快适应新环境；

c. 试图在公众场合和私人生活建立不同的形象或性格，并维护着不同的社交圈；

d. 行为方式符合社会风俗；

e. 适合从事管理岗位或需要影响他人的岗位。

推荐行为面试题目：

a. 请回忆一下，当你置身于一个陌生的环境或不同的文化环境中时，你会有什么样的反应，你是如何尽可能适应新环境的，请举例说明。

b. 请谈谈你刚被提拔到管理岗位的经历，当时都遇到了哪些困难？你是如何克服的？

c. 即兴演讲，尤其是针对一个不太熟悉的、很有挑战性的题目，请讲一个类似的经历。

d. 有没有这样一种情景，当你调到一个新的部门时，发现工作氛围和方式与以前的完全不同，你是如何适应的？

e. 当你在销售工作中遇到了一位举止奇怪的顾客时，你会如何做？请举例说明。

3）自我认知。自我认知是指对自己一切身心状态包括生理状态、心理状态、个性特点，以及自己与他人或组织的关系的认识和评价等。

操作中需要着重了解和把控的关键点：

a. 能够坦诚、真实地评价自己的能力；

b. 能够开诚布公地谈论自己的情绪以及情绪对工作的影响；

c. 避免执行那些超出自己能力的工作；

d. 工作中更愿意承担自己擅长的任务；

e. 知道何时、如何获得外部的帮助。

推荐行为面试题目：

a. 你是如何改进自己的不足的？请举例说明你最近一次较深刻的自我反省。

b. 有没有遇到过这样的情况：上级交给你一项以前从未接触过的任务。你当时是如何处理的？

c. 你的朋友或领导是如何评价你的？你同意他们的观点吗？有什么事例来支持他们的观点吗？

d. 你在工作中是如何做到扬长避短的？请举一个最近印象比较深刻的例子。

e. 请讲讲最近一次朋友给你的最坦诚的建议。你是如何看待的？

4）独立性。独立性是指能够摆脱对他人的依赖，独立自主地进行工作，自行解决工作中遇到的各种难题。

操作中需要着重了解和把控的关键点：

a. 不需要他人的指导，有自己独立的思考，能够独立地完成职责范围内的工作；

b. 在与人交往过程中能够保持独立；

c. 当与他人的观点不一致时，能够坚持自己的想法；

d. 对于职权范围内的问题能够独立进行决策；

e. 愿意承担自己所做决策或所采取行动的责任；

f. 在解决问题时，能够在恰当的时候引进外部的支持。

推荐行为面试题目：

a. 歌德曾说过：独立性是天才的基本特征。请结合你的经历谈谈对这句话的理解。

b. 请举两个在你的工作经历中最能体现独立性的例子。

c. 回忆一次你独立承担的最大的或最困难的项目，请完整描述那次经历，并告诉我你的感受。

d. 请详细描述一次你所遇到的感到最无助、最困难的一段工作经历。

e. 在你的工作经历当中，有没有这样的经历：你在自己职权范围内做出的决定受到了他人或上级的质疑。你当时是如何处理的？

5）开放性。开放性是指对新鲜事物如新知识、方法和非传统的观念的辨识、学习及接受能力等。

操作中需要着重了解和把控的关键点：

a. 相信革新会比规范更能使工作做好；

b. 愿意与他人自由地共享观点和信息；

c. 尊重他人独特的个性特长和需要；

d. 思维开放、兴趣广泛，能够接受各种刺激，愿意冒险；

e. 有独创性和革新性；

f. 适应能力比较强，能够很快适应变化性大、需要创新性或较为冒险的工作。

推荐行为面试题目：

a. 请举两个最能体现你在工作中具有良好的开放性的例子。

b. 请谈谈你在与他人分享经验、信息或观点方面的经验。有没有在这方面遇到过困难？请详细描述一下当时的情况。

c. 当你进入一个全新的环境时是如何适应的，你能够向我介绍一下当你面对变幻莫测，需要有创新性或冒险精神的环境时是如何处理的吗？当时的情况如何？

d. 你有没有遇到过个性比较特殊的团队成员？你是如何处理的？

e. 在这个信息时代，我们每天都会接触到各种各样的新思想、新方法，请你谈谈在这方面的经历，有没有让你记忆特别深刻的例子？

6）决断力。决断力是以勇敢和深思熟虑为前提，是指在困难中辨别事物的真相，迅速做出决定并积极采取行动的能力，也是能适时采取决断的能力。

操作中需要着重了解和把控的关键点：

a. 在时间紧迫的情况下，根据获得的信息迅速做出决定并采取行动；

  b. 坚持承诺，即使遇到挑战也不轻易放弃；

  c. 出现紧急情况可以从容解决；

  d. 做出艰难的但必要的决定；

  e. 在必要的时候承担管理责任，推动变革的落实，打破僵局，确保问题的解决；

  f. 当机立断，不犹豫，不退缩。

  推荐行为面试题目：

  a. 在你的工作中有没有过需要迅速作出决定并采取行动的经历？请详细谈谈当时的情况，你都做了什么。

  b. 在遇到突发情况时，你还能够坚持原来的计划吗？请举例说明。

  c. 请谈谈你在压力下快速做出决定的经历，之后你立即采取行动了吗？

  d. 当你的决定不被大家接受时，你是如何坚持自己的决定的？请举例说明。

  e. 你最善于在什么样的情况下迅速作出决策？请讲讲这方面的例子。

  7）细心。细心是指对待工作责任心很强，能够全面地注意事务发展的过程和各方面的必要细节。

  操作中需要着重了解和把控的关键点：

  a. 对自己的工作质量负责，关注事务发展过程和工作中的重要细节；

  b. 在提供资料和信息之前先进行核实；

  c. 能对行动的结果进行详细考虑；

  d. 为确保准确性而不怕麻烦，对工作进行双重检查；

  e. 能发现工作中的误差、错误、疏忽；

  f. 为避免差错，请他人对书面工作进行检查或评论。

  推荐行为面试题目：

  a. 你从事过的最需要细致耐心的工作是什么，有些工作是很容易出错的，你是如何尽量避免出错的？

b. 不论从事什么样的工作都会有重复性的、比较单调沉闷的部分，请讲讲你的工作中这样的任务有哪些，你是如何处理的？

c. 当你需要在同一时间处理多项工作时，你是如何处理的？请举例说明。

d. 请回忆一个由于你的细心而避免了错误的发生的经历。

e. 有没有由于你的粗心而导致失败的经历，当时你是如何做的？

8）适应力。适应力是指一个人具有预见和根据要求或环境的变化而成功调整自己的能力。

操作中需要着重了解和把控的关键点：

a. 能够根据形势变化迅速作出有效的决策，找到替换的方法或策略，从而保证工作的完成；

b. 能够看到他人观点的优点，根据工作的需要而改变个人、人际或专业的行为方式；

c. 在获得新的信息时能够及时评估决策；

d. 愿意将变化融入到工作流程和产品中，当工作任务或环境发生重大变化时，仍能保持工作效率；

e. 不必等到了解了所有的细节再作决定，改变平稳、适度，不会引发不必要的问题；

f. 乐于接受新的组织结构、流程和技术。

推荐行为面试题目：

a. 在你的工作经历当中最重大的变化是什么，有些突如其来的变化会彻底改变你的计划和安排，你是如何在适应变化的同时保持工作的效率？

b. 组织中有时会有一些并不被我们认同的政策，请讲述一次你为了达到他人的要求而改变自己的工作优先顺序的经历。讲一下你最近遇到的不太同意的政策或流程。

c. 与来自不同背景或文化的人共事是很有挑战性的，有时候工作的变化会超出你的控制范围，面对这样的情况，你会怎么处理？请举例说明。

d. 你认为前几任领导在管理方式上有什么不同？你是如何调整自己来适应他们的？

e. 面临外界突然变化，如何能够使自己镇定、从容应对？

9）情绪稳定性。情绪稳定性是指在压力或变化的工作情境中，仍然能够保持平稳的情绪和清醒的头脑。

操作中需要着重了解和把控的关键点：

正面考查：

a. 在各种情景中都能保持心态平和稳定，不易处于紧张和害怕的状态；

b. 能够较好地控制自己的冲动和欲望，抵制各种诱惑；

c. 能够独立而且有效地应对压力情境，做到处乱不惊，镇定自若；

d. 具有较强的自我意识，能够从容地应对尴尬的社会情境。

负面询问：

a. 经常感到情绪低落、心情烦闷、自卑、压抑，以至于做事提不起兴致；

b. 容易体验到愤怒和挫折感，容易对周围的人或事感到不满。

推荐行为面试题目：

a. 你记得的最近一次因为工作灰心或不耐烦是什么时候？当时都发生了什么，你是如何处理的？

b. 在面对突如其来的压力或指责时，你会如何应对？请举例说明。

c. 请讲讲当你的工作没有得到领导的认可时是如何做的？

d. 在公司发生收购或合并时，员工难免会觉得很不稳定，请问你有没有这样的经历？当时是怎么做的？

e. 你目前的职位主要面对什么样的压力，在你开始现在这项工作后，你的工作内容发生了哪些变化，哪个（些）变化最让你感到不安？

10）积极心态。积极心态是指一种乐观向上的看待人生和积极进取的处事态度。

操作中需要着重了解和把控的关键点：

a. 不断拟定计划去尝试新的目标，对一切都保持高度的兴趣；

b. 善于称赞别人，乐于助人，具有奉献精神；

c. 微笑常在，乐观自信，能使别人感到你的重要；

d. 有坚定的信念，相信自己会取得成功；

e. 遇到困难时不会恐惧、慌张，懂得在任何困难的问题中都能找到解决问题的线索。

推荐行为面试题目：

a. 你最近在工作中遇到过什么特别让你感到沮丧的事情吗？当时的情况是怎么样的？你是如何处理的？

b. 请举例来说明你是如何理解积极心态的。

c. 工作中难免会有挫折和困难，在遇到这种情况时，你是如何处理的？请举例说明。

d. 当你辛苦努力地完成了一项工作，却得不到领导的认可时，你会怎么办？请举一个亲身经历的例子来说明。

e. 现代社会，人们的工作压力越来越大，请回忆一下你经历过的压力最大的一个阶段，当时的情况是什么样的？你是如何应对的？

11）压力管理。压力管理是指无论在何种艰巨的任务或社会压力之下都能保持冷静，妥善处理，最终达成目标。

操作中需要着重了解和把控的关键点：

a. 即使在压力存在的时候也会按部就班地做事；

b. 在遇到自己无法掌控的事情时，能够冷静地重新制定时间表，并再次确定优先秩序；

c. 能够在压力下更好地完成大量工作；

d. 能够处理危机而不让它占用个人时间；

e. 能够在同一时间关注两件或更多关键事件；

f. 能够成为危机中头脑冷静的领头人。

推荐行为面试题目：

a. 工作中难免会遇到一些危机，请讲述一次你印象最深刻的突发事件，当时是怎么处理的？

b. 当你必须同时处理几个项目或任务时，你是怎样做的？请举例说明。

c. 有些事情是我们无法控制的，领导临时交给你一项紧急而重要的任务，而你可能刚好也有很重要或紧急的工作要处理，请举例说明你在这种情况下是怎么做的？

d. 你有没有过工作压力大到让你觉得自己应付不了的经历，请详细讲讲你当时是怎么处理的？

e. 请谈谈当你被要求提前完成某项工作时你是怎么处理的，讲一个你在很大压力下完成的任务。

（4）思维认知。

1）信息获取。信息获取是指有好奇心，为了解更多的人、事物或特殊议题，而花费力气去获得更多的信息，与一个人的感知对象、方式、范围和敏感性有关。

操作中需要着重了解和把控的关键点：

a. 对问题的形成原因及相关信息很感兴趣，喜欢深入探讨；

b. 借由探知一系列的问题，针对矛盾之处，不断挖掘真正的解决之道；

c. 扩大感知范围，提高灵敏度，侦查未来可以使用的潜在机会或多样的信息；

d. 对于获得的信息会亲自去求证是否真实；

e. 为了了解问题，能够运用系统化的方法来收集信息。

推荐行为面试题目：

a. 请给我讲讲你最近为完成某个项目而遇到的收集信息方面的困难。

b. 你有没有过由于没能获得有效的信息而作出错误的决定或采取了不当的行为的经历？当时的情况是怎么样的？

c. 虽然我们每天都会获得大量的信息，但真正有价值的信息却不多，你是如何辨识信息是否有用的；你是否遇到过找不到相关信息帮你作决定的情况，当时是如何处理的？

d. 为了核实你所获得的信息是否准确，你都会做哪些工作？请举一个印象深刻的例子。

e. 有没有这样的情况：由于你的关系网很广，你能够获得别人得不到的信息？

2）概念思维。概念思维是指清楚指导各部分及相互联系，通过综合各部分，拓宽视野以理解情境，找出情境背后的联系，找出复杂情境中的关键或潜在问题的思维方式。

操作中需要着重了解和把控的关键点：

a. 使用"经验法则"、常识或过去的经验，分辨问题和情况；

b. 看到现在的情况和过去发生的事情之间的重大差异；

c. 恰当地应用并修改复杂的已知概念或方法；

d. 具备想象力，能够从不相干的事情中找到共同点，将其组合成一个新的概念，从不相干的领域当中找出复杂资料内的有用关系；

e. 能够准确接收他人所要表达的概念，并运用不同的表达技巧轻松地指出不同概念间的差异。

推荐行为面试题目：

a. 有时候解决问题需要一些想象力，要从繁杂的线索中找到共同点，请讲一个你在这方面的经历。

b. 过去的经验和常识对于我们解决问题很有帮助，请你回忆一个利用过去的经验出色解决工作上的难题的经历。

c. 请讲一个你能够从其他领域找到思路，帮助你解决面临的难题的例子。

d. 请讲一个你所遇到过的最难解决的问题，当时你是如何考虑的？采取了哪些行动？

3）分析思维。分析思维是指能够将问题情境细分成较小的部分，或逐步探究问题的内涵的一种分析能力。

操作中需要着重了解和把控的关键点：

a. 按照重要程度设定先后次序；

b. 有系统地把重要任务分成可处理的小部分；

c. 找出几个事件的可能原因或几个可能的行为后果；

d. 预料到会有什么障碍，并事先设想下一步的方案；

e. 利用分析技巧找出多个解决方案，并衡量每个方案的价值。

推荐行为面试题目：

a. 请告诉我你所分析过的最复杂的问题是什么，结果如何，你面对一个复杂的局面时会如何处理？

b. 请讲一个你所做过的最能反映你的分析能力的项目或任务。

c. 有没有遇到过这样的情况：当团队面对一个难题束手无策时，你帮助大家理清思路，找到了解决办法，具体讲讲当时的情况。

d. 请谈谈你最近的工作思路。

e. 请回忆一个最近解决的较难的技术问题，你是怎样解决这个问题的？

4）系统思维。系统思维是指在分析和处理问题时，根据客观事物所具有的系统特征，从事物的整体出发，以大局为着眼点按系统科学的推理进行思维的一种方式。

操作中需要着重了解和把控的关键点：

a. 始终从整体来考虑，把整体放在第一位，而不是让任何部分凌驾于整体之上；

b. 系统分析各部分和各环节中复杂的因果关系，注意系统内部结构的合理性；

c. 为了使一个系统呈现出最佳态势，从大局出发来调整或是改变系统内部各部分的功能与作用；

d. 善于排除干扰，抓住问题的关键，清晰地把握思考与决策的方向和目的；

e. 能够摆脱以往经验的束缚，打破思维定式，建立开放性的思维方式，跳出现有框架，创造性地认识和解决问题；

f. 工作中能够做到整体与部分的统一，既要考虑到有利因素，也要考虑到负面情境发生的可能性及应对方案。

推荐行为面试题目：

a. 请讲一件你处理过的最为复杂、烦琐的任务或项目。

b. 我们在工作中面对的问题总是纷繁、复杂的，请谈谈你是如何迅速排除干扰，发现问题关键的？举一个你认为最成功的例子。

c. 请描述一个你从战略的角度分析问题，提出系统的解决方案的经历。

d. 在做决策时，我们常常会有多种选择，请谈谈你会如何选择，举一个你认为最艰难的决策经历。

e. 有没有这样的经历：为了整个组织或公司的利益，你不得不放弃自己部门或个人的利益？请详细描述一下当时的情况。

5）演绎思维。演绎思维是指能够把原理、概念等应用到具体问题中，发现问题内在的各种关系，并制定对策的一种思维方法。

操作中需要着重了解和把控的关键点：

a. 倾向于把问题或事物分解成小块来理解；

b. 从系统的角度出发分析各个小块间的关系，把各部分联系起来；

c. 能够发现问题潜在的复杂性，对困难有前瞻性，能提前考虑应该采取的对策。

推荐行为面试题目：

a. 工作中的很多问题非常复杂，可能会有多个潜在原因，或有着错综复杂的关系，请讲讲你在这方面印象深刻的一件事。

b. 在面对复杂问题时，我们常常会有多个可能的行动方案，你是如何做出决策，并对潜在的困难做好准备的？请举一个具体的例子来说明。

c. 你在实际中是如何发现复杂问题的核心难点的？

6）归纳思维。归纳思维是指能够发现那些不明显的事物的规律或关系，从个别的、具体的问题中总结出带有一般性规律的一种思维方式。

操作中需要着重了解和把控的关键点：

a. 通过运用过去的经验、常识和基本规则，能够很快确定问题的关键所在；

b. 对信息进行分析，发现其模式或趋势，并与过去的经历相比较；

c. 能够运用创造性的、概念化的或归纳性的推理方法对问题进行分析，确定其关键点；

　　d. 为解决问题，能够创造出新的概念或规则。

　　推荐行为面试题目：

　　a. 请举一个你能够把一般性的原理或其他知识推广到工作中，解决了具体问题的例子。

　　b. 当工作中遇到新问题时，你是如何运用自己的知识和经验来解决问题的？请举一个具体的事例。

　　c. 请讲一个你根据经验创造出新的概念或规则解决问题的实例。

　　7）业务知识技能。业务知识技能是指对工作相关的各种知识精通了解，并能延伸、利用和传播给别人。

　　操作中需要着重了解和把控的关键点：

　　a. 采取行动让技术和知识不落伍；

　　b. 通过探索自己所从事的领域以外的事物展现好奇心；

　　c. 愿意协助他人解决技术问题；

　　d. 上课或自修与工作相关的新的学科；

　　e. 积极在公司内部传播新技术。

　　推荐行为面试题目：

　　a. 请回忆一下你有没有这样的经历：你应用一些自己学习到的新知识到工作中，帮你更好地完成工作任务。

　　b. 当你掌握了一种新的知识或技能时，你是如何帮助公司内更多的人了解和应用这个知识的？请举例说明。

　　c. 请讲一个其他同事遇到工作中的难题，找到你来帮助他解决的例子。

　　d. 在你遇到的各种工作难题中，有没有自己无法解决的？当时的情况是怎么样的？你都做了什么？

　　e. 有时随着工作职责的变化，要求你了解和掌握新的知识和技能，请谈谈你在这方面做得最成功的一件事。

　　8）创造性思维。创造性思维是指具有创新意识，能够运用想象力，产生原创性和突破性想法的思维过程。

　　操作中需要着重了解和把控的关键点：

a. 对各类信息、新动态和新发展持开放的心态；

b. 能够把表面上不相关的事实放在一起，从而形成新的看法；

c. 展现出崭新的思考方式，愿意挑战传统的假设和方法；

d. 提出全新的、独到的观点或见解；

e. 敢于承担风险去制定新政策、采取新措施和尝试新方法；

f. 积极营造创新氛围，对新观点、新方法的提出表示欢迎和赞同。

推荐行为面试题目：

a. 请谈谈最近两年你在工作中主动实施的一个新方法。

b. 随着科技的迅速发展，企业对创新的要求越来越高，请讲述你是如何促进企业创新氛围的形成的？你所采取的最有效的措施是什么？

c. 请举一个事例来说明你在创新方面遇到的最大的困难是什么？当时的情况是什么样的？你是如何处理的？

d. 请讲述一次你发现传统方法的不足，尝试新的解决问题的方法，并取得成功的经历。

e. 请谈谈在新产品开发方面令你印象最深刻的一件事。

9）问题解决能力。问题解决能力是指准确清晰地定义问题，收集相关信息并提出有效的解决方案的能力。

操作中需要着重了解和把控的关键点：

a. 掌握问题的复杂性，并对问题所涉及的各种关系有所认知；

b. 视问题为挑战和提升技能、能力的机会；

c. 能够预见到特殊行动的结果；

d. 提出异议，对不同观点进行争论；

e. 用有效的方法、严格的逻辑和方式去解决困难问题；

f. 为了答案探寻各种有效的资源；

g. 不停留在最初的答案上，看得更深入、关注被人忽略的方面。

推荐行为面试题目：

a. 请回忆一次你必须要去探索问题的深层原因的经历，当时是如何做的？

b. 请回忆一次这样的经历：在解决一个问题时，你的方法比其他人的更有效。当时你都做了什么，怎么考虑的？

c. 请讲这样一个经历：你经过慎重的思考才作的一个决定或解决的一个问题，你当时都做了什么？

d. 请谈谈你到目前为止遇到的最难解决的问题，当时你是怎么考虑的？如何做的？

e. 请讲一个最近两年你认为自己解决得不太好的问题或难题，当时的情况怎么样？你都做了什么？

（5）交往沟通。

可考察了解应聘者的人际关系、交流沟通、人脉网络和朋友圈等方面的情况与能力。

1）冲突管理。冲突管理是指预防和化解冲突的能力。

操作中需要着重了解和把控的关键点：

a. 不逃避冲突，且能将冲突视为展现和提高自身能力的机会；

b. 善于发现各方观点的异同，通过公开的讨论达成全赢的局面；

c. 善于集中精力倾听，并能很快读懂形势；

d. 通过恰当的方式进行沟通协调，减轻各方之间的紧张与冲突；

e. 达成一致意见并确实落实；

f. 在敌对状态中，能够有效地处理与他人的关系。

推荐行为面试题目：

a. 请讲一个你印象最深刻的、与人发生矛盾或意见不一致的经历，请回想一下你遇到的最难相处的人，你是如何协调解决你们之间的矛盾的？

b. 请描述你觉得很难处理的一次矛盾或意见，在团队中大家常常会有意见不一致的时候，你成功说服所有团队成员达成一致意见的经历。

c. 当你与上级领导的意见不一致时，你是如何处理的？请举例说明。

d. 请举一个例子来说明你在工作中是如何预防冲突的发生的。

e. 请讲一个你提出了很好的建议，成功地解决了两个员工之间的矛盾的事例。

2）合作性。合作性是指愿意与他人一起工作或完成某项任务，而不是独立工作或互相竞争。

操作中需要着重了解和把控的关键点：

a. 相信团队的力量，愿意与人合作；

b. 分享相关或有用的信息；

c. 能够赢得信任和支持；

d. 能够与来自不同层级和部门的人相互沟通，以解决问题或达成计划；

e. 在完成自己的工作的同事愿意帮助他人；

f. 尊重他人的意见和专业知识，愿意向他人学习；

g. 当发生冲突时，不隐藏或避开问题，积极寻找解决问题的办法。

推荐行为面试题目：

a. 请你讲述一次最愉快或最成功的与他人合作的经历。

b. 你是如何保持与同事的良好合作关系的，请讲述一个你成功与这种人建立合作关系的经历。

c. 取得他人的信任与合作是比较困难的，请讲述一次你所经历的最不愉快的合作经历。

d. 有些人是很难相处的，要与这样的人合作会是一个很大的挑战，你遇到的最难合作的团队或部门是什么样的，你认为影响你们合作的因素有哪些，你当时是如何处理的？

e. 作为团队成员，有时为了团队目标的实现，不得不放弃一些对个人来说很重要的东西，请讲述一个你在这方面的经历。

3）关系建立。关系建立是指与有助于或可能有助于完成工作相关目标的人建立并保持良好的关系或关系网。

操作中需要着重了解和把控的关键点：

a. 具有主动性，能够有意识地建立融洽的关系；

b. 能够轻松建立融洽的工作和私人关系，并促进关系的发展；

c. 这些关系的建立将有利于工作目标的达成；

d. 与他人分享个人资信以便交流或达成共识；

e. 关系网的建立有利于发挥更大的影响力。

推荐行为面试题目：

a. 请讲述你在建立关系方面最成功的一次经历。

b. 请描述一次你利用自己的关系网，将自己的工作与公司内其他部门正在进行的工作进行整合的经历。

c. 你是如何维持与其他部门人员的有效联系的，请举例说明。

d. 当你到一个新环境工作时，是如何与他人建立关系的，请讲述一次你刻意与某人建立关系，最终这个关系帮助你完成了工作目标的经历。

e. 信息在工作中起着越来越重要的作用，请讲述一次你通过自己的关系网获取重要信息，帮助你顺利完成任务的经历。

4）口头沟通能力。口头沟通能力是指在个人或团队面前，能够清晰、流畅地表达自己的想法。

操作中需要着重了解和把控的关键点：

a. 自信，无论在个人还是团体面前都能自如地发表自己的观点；

b. 讲话清晰、流畅、有条理；

c. 能够有效地倾听；

d. 有非言语的表情或动作的交流；

e. 具有说服力。

推荐行为面试题目：

a. 公众演讲是很有挑战性的，请讲述你最成功的或失败的公众演讲的经历。

b. 倾听会帮你更好地与人沟通，请讲述一次你通过倾听达到更好的沟通效果的经历。

c. 请讲述一次你成功说服他人或团队接受你的意见的经历。

d. 你在与人沟通中曾遇到的最大的困难是什么？当时你是如何处理的？

e. 当你向上级反映重要信息时，他误解了你的意思的经历，你当时是如何处理的；当谈话气氛变得很紧张时，你会如何处理？请举例说明。

5）书面沟通能力。书面沟通能力是指能够运用恰当的文笔，清晰、准确、简洁地把自己的想法表达给读者。

操作中需要着重了解和把控的关键点：

a. 能够清晰有力地呈现信息及自己的分析过程和想法；

b. 组织的文章清晰明了；

c. 用词准确，写作风格恰当；

d. 能通过使用图表解释较复杂的概念或信息；

e. 正确理解书面信息。

推荐行为面试题目：

a. 工作中会有很多需要书面沟通的时候，请讲一下你做过的最重要的一次书面沟通。

b. 请描述一次你觉得对于提升你的能力最有帮助的写作经历。

c. 书面表达与口头表达有很大的不同，请谈谈你遇到的最大的困难是什么，你当时是怎么解决的？

d. 请举一个你运用自己的写作能力很好地表达了一个重要信息的例子。

e. 请讲一个由你写的且得到过大家认可的报告。

6）怡情共鸣。怡情共鸣是指想要了解他人，能够倾听并体会到他人没有表达出来或是表达不完整的想法和感觉。

操作中需要着重了解和把控的关键点：

a. 认识到他人的情绪和感觉；

b. 了解他人的态度、想法、兴趣和需要；

c. 设身处地为他人着想；

d. 能够考虑到决策或设计对他人的影响。

推荐行为面试题目：

a. 请讲述一次你发现别人在工作中遇到困难的经历。

b. 现在越来越多的人在讨论"共情"，请谈谈你在这方面的经历。

c. 在给下属分配工作任务时难免会遇到一些问题，请举一个你处理得很妥当的例子。

d. 你是如何激励下属或团队中其他成员的，请讲一次你与一位非常情绪化或非常敏感的员工做绩效反馈的经历。

e. 对团队成员的了解将有助于工作的顺利展开, 请举一个你在这方面的成功事例。

7) 谈判能力。谈判能力是指一个人推动各方参与者相互沟通, 达成共识的能力。

操作中需要着重了解和把控的关键点:

a. 协议或共识是建立在事实或论据的基础上;

b. 沟通灵活、敏感, 掌握对方的反应;

c. 充分理解对方的观点和需求;

d. 清楚地表达自己的观点和需求;

e. 通过求同存异达到双赢的局面。

推荐行为面试题目:

a. 请举例说明在面对强硬的对手时, 你是如何推动双赢协议的达成的?

b. 请讲述你遇到的最难的一次谈判经历。

c. "知己知彼, 百战不殆"。请讲述一次由于你的充分准备帮助你成功说服他人接受你的观点的经历。

d. 当参与谈判的各方争执不下时, 你会如何促进双赢协议的达成? 请举例说明。

e. 请讲述一次你成功说服他人接受你的观点的经历。

8) 客户导向。客户导向是指有服务客户的渴望, 努力满足客户的需要, 使客户满意。

操作中需要着重了解和把控的关键点:

a. 全面了解客户的真正需求, 迅速提供可以满足其要求的产品或服务;

b. 与客户建立并保持良好的关系, 成为可信赖的顾问角色, 为客户提出有独到见解的建议;

c. 愿意承担责任, 对客户服务问题能够保持开放的心态, 并迅速改正问题;

d. 为满足客户的要求, 主动采取行动, 不吝惜时间和精力;

e. 保持积极的心态和长远的眼光来解决客户的问题。

推荐行为面试题目：

a. 我对你目前工作中与顾客打交道的经验很感兴趣，你能否谈谈最近发生的一个有代表性的例子？

b. 请谈一次你与客户过程中得到特别积极反馈的情况。

c. 工作中难免会遇到一些比较难缠的顾客，请回忆一下你的服务超出了客户的要求，使他非常满意的经历；或者你遇到的客户提出很挑剔的要求的经历，你是如何处理的？

d. 当顾客对你的处理方式表示不满时，你会怎么做？请举一个最近发生的例子说明。

e. 有些客户的需求可能需要你花费大量的时间和精力才能了解，请谈谈你在建立和维护客户关系方面的经验，并举一个你觉得在这方面最成功的例子。

9) 说服力。说服力是指说服、影响或感动他人，赢得他们的支持，从而使他们改变想法、主张或行为。

操作中需要着重了解和把控的关键点：

a. 了解所有说服的对象，清楚他们的想法和可能的反应；

b. 以事实、资料、数据为论据；

c. 果断、坚持、不轻易放弃的态度；

d. 赢得他人的支持。

推荐行为面试题目：

a. 说服他人接受不同的意见往往是一件比较困难的事，请讲一个你成功劝说他人采取某种行动的经历。

b. 当你认为自己的想法、计划或解决方案更有效时，你会如何来说服你的同事和上级？请举例说明。

c. 有没有在与其他部门合作时，你成功说服他们改变意见或工作方式的经历？你当时都做了什么？

d. 在你的工作经历当中，最不成功的一次劝说经历是怎样的？

e. 请讲述一次你是如何劝说他人接受或遵从不受欢迎的政策、措施或流程的，或者说你成功劝说他人接受一个并不被广泛认可的想法的经历。

（6）统御全局。

此部分可测试一个人是否具有领导与管理的能力或潜力。

1）展望能力。展望能力是指能够理解、实施目标，并以此激发他人工作动力的能力。

操作中需要着重了解和把控的关键点：

a. 从全局考虑，关注未来的发展，具有预测能力；

b. 能够明确或定义公司的目标和远景；

c. 基于公司远景和价值观来采取行动；

d. 依据公司的远景来鼓励大家，实现在组织文化、价值观方面的主动作用；

e. 能够提供有价值的、创新的解决方法，替代传统的技术和方法；

f. 在关注现在的问题的同时也会注意未来的需要。

推荐行为面试题目：

a. 请你谈谈你对公司未来发展的预测，以及你为此都做了什么。

b. 有没有这样的经历：由于你对未来的预测非常的吸引人，从而使那些老爱唱反调的人接受了你的观点，成为你的支持者。

c. 请讲讲你为自己部门建立远景目标的经历。过程是怎样的？还有其他人参与吗？这个目标对于部门的发展有什么贡献？

d. 作为公司的高层管理者，你需要从全局的角度出发考虑企业未来的发展，请谈一次你成功引入新技术，从而大大提升生产效率或工作效率的经历。

e. 请谈谈在竞争日益激烈的环境中，你是如何把握好公司的发展方向的？请讲讲在这方面你都做了哪些工作？

2）影响力。影响力是指说服或影响他人接受说话者所支持的观点，推动某项议程或领导某一具体行为的能力。

操作中需要着重了解和把控的关键点：

a. 在认识上比较领先，提出的思路让人信服；

b. 行动上主动积极，是他人效仿的榜样；

c. 预先考虑到自己的言语、行动或其他细节可能对别人造成的影响；

d. 根据不同听众的兴趣采用相应的影响策略；

e. 从容而谨慎地提供或保留信息，以获得特定效果；

f. 通过对第三者或专家施加影响来影响别人的决定或行为。

推荐行为面试题目：

a. 请讲一个你说服他人做他并不喜欢做的事情的例子。

b. 客户就是上帝，但有时他们也会提出一些不太合理的要求，请谈谈你遇到的类似情况，你是如何说服他们改变初衷的？

c. 当你的老板要求你去推行一些员工们并不认同的政策时，你采用什么样的方法来说服大家？请举例说明。

d. 你是否遇见过这样的情形：下属的某位员工不愿意干自己的工作，你采取什么措施来改变这种情况？如果他不得不继续从事这份工作，你会如何说服他？请举例说明。

e. 说服领导改变他的观点是一件比较困难的工作，请回忆一下这样的经历：你通过对第三人或专家施加影响而达到影响某人的目的。

3）团队领导力。团队领导力是指能够激发凝聚力，有意承担团队或其他群体的领导角色。

操作中需要着重了解和把控的关键点：

a. 确保受到决策影响的人得知必要信息；

b. 付出个人心力，公平对待团队中的所有成员；

c. 运用复杂的策略提升团队的士气和工作效率；

d. 确保群体的实际需求得到满足；

e. 明确领导作用，确保他人接受领导者的任务、目标、计划、趋势、政策等；

f. 关心团队或群体的形象。

推荐行为面试题目：

a. 请谈谈在你的团队管理工作中最具挑战的一次经历。

b. 当团队士气低落的时候，你会怎样鼓舞士气？请讲一个具体的事例。

c. 作为团队领导，你是如何评价团队成员的，在公平对待每位团队成员方面必定要花些心思，你在这方面都做了哪些工作？效果如何？

d. 你是如何确定自己在团队中的领导地位的，在团队建设方面，你有没有失败的例子？请讲讲你最近在这方面的经历。

e. 请回忆一下，在你的团队中有没有过合作性很差或工作业绩很差的成员，你是如何处理的？

4）环境敏感型。环境敏感型是对环境信息（市场、技术、政治、文化等）变化的感知能力和洞察力。

操作中需要着重了解和把控的关键点：

a. 能够感知外界变化，了解环境中变化了的信息；

b. 识别环境变化信息背后的原因及相互关联的变动模式；

c. 把握环境信息变化带来的可能的机遇。

推荐行为面试题目：

a. 管理学大师德鲁克曾经说过："大企业中高层管理的成员负有特殊的责任——成为触感外界的器官，成为组织的眼睛和耳朵。"请你结合自己的经历谈谈对这句话的理解。请你回忆一次到一个新的部门或新的单位工作的经历，当时你是如何适应新环境的？

b. 市场信息瞬息万变，你是如何让自己及时掌握最近的市场变化的？

c. 请讲述这样一个经历：由于你及时发现市场变化而帮助公司避免了重大的损失。

d. 信息时代，人们每天都会接收到很多的信息，你是否曾经在那些被别人忽略的信息中发现对于你所在公司非常重要的信息？你是如何做出判断的？

e. 谈谈你是如何保证自己能够及时了解到市场环境或工作环境所发生的各种变化的？请举一个具体的例子。

5）计划和组织。计划和组织是指为了实现某一目标，能够恰当地安排工作和利用资源，采取一系列有效的行动。

操作中需要着重了解和把控的关键点：

a. 明确工作目标；

b. 提前为任务做好计划；

c. 工作计划能够充分考虑各种可能的情况；

d. 有效地管理时间；

e. 有效地管理各种资源（人力、物力和财力）；

f. 设定合理的检查点，并以此来回顾工作进展，进行必要的调整；

g. 能够根据情况变化进行调整。

推荐行为面试题目：

a. 请谈谈你在工作安排方面遇到最大挑战是什么时候，你是如何保证自己能够完成任务的？

b. 有时候你能利用的资源是有限的，你会如何利用现有资源来完成工作？请举例说明。

c. 谈谈你最近为团队设立的目标，你是如何带领大家完成这个目标的？请讲一个最能体现你计划和组织能力的例子。

d. 你在时间管理方面有什么技巧吗？请讲个例子来说明它们确实有效。

e. 你的工作中有没有这样的情况，在同一时间内必须完成几件事，或在时间紧迫、资源有限的条件下完成工作，请讲一次你没能按时完成某项工作的经历。

6) 培养下属。培养下属是指有意识地教导和协助下属长期的学习和发展。

操作中需要着重了解和把控的关键点：

a. 对下属给予正面的期待，相信他们想要学习并有能力学习；

b. 成为下属的良师益友，激励他们不断取得进步，并提供必要的指导；

c. 对下属的工作情况及时提供反馈；

d. 准确地识别员工的发展需要，并提供培训机会；

e. 为提升下属的工作业绩，并为未来做准备而培养下属各方面的技能；

f. 根据下属所要达成和发展的能力来授予任务。

推荐行为面试题目：

a. 在最近的一次绩效考核中，你是如何帮助下属确定需要提升的能力，并制定相应的培训计划的？

b. 当你的团队中有一位表现平平的成员时，你会怎么帮助他提升业绩？请举例说明。

c. 对于那些工作出色的下属，我们会很容易忘记及时给他们提供反馈和发展建议，给我讲讲你手下最能干的员工，你多久和他做一次绩效沟通？如何做？与其他员工相比有什么不同吗？

d. 请讲一个你的指导或辅导确实帮助下属提升了工作绩效的例子。

e. 有些员工对反馈非常敏感，你是如何与这样的下属沟通，帮助他们提升绩效的？请举例说明。

7）授权。授权是指通过恰当的方式将决策和任务分配给下属，并确保他们的个人能力能够有效发挥。其实，授权也可以看成是一种沟通方式。

操作中需要着重了解和把控的关键点：

a. 愿意相信别人或员工能够执行任务；

b. 能够将任务、决策和责任合理地分配给下属；

c. 为达到最佳的效果，能够在合适的时间，运用恰当的方式，授权给正确的人；

d. 确保人力资源得到合理利用，所需的各种资源都可以获得；

e. 给予下属自己去完成工作的空间；

f. 在分配任务、讨论方法、保证成功完成任务的同时，能在员工的不同期望之间进行交流和沟通。

推荐行为面试题目：

a. 回忆一下你管理的下属中，最近给哪一位授予了较为重要的职责？什么职责？你是如何授权的？效果如何？

b. 如果在你授权后，下属的工作表现较差，你会怎么处理？请举例说明。

c. 松下幸之助说过，一位称职的管理者应该"只做自己该做的事，不做部属该做的事"请结合你的经历谈谈对这句话的理解。

d. 当一位下属不愿接受你安排给他的任务时，你会如何处理？请举例说明。

e. 把工作授权给合适的人有时会很难，请讲一次你把任务授权给并不适合这项任务的人的经历，最后还是自己来完成了，请举一个具体的例子。

8）变革管理。变革管理是指能够洞察组织内外部变化，提出具有前瞻性并有利于组织发展的应对方案，提醒或鼓励组织成员朝某一既定的方向改变。

操作中需要着重了解和把控的关键点：

a. 洞悉组织外在环境的变化；

b. 明确在变动的环境中组织的变革方向；

c. 提出相应的策略和方法让组织能够面对环境的变化；

d. 能够提出或引入多样的方法与技术来帮助组织应对环境的变化；

e. 采用有效的激励方式来影响组织成员，使其乐于参与所提出的行动。

推荐行为面试题目：

a. 环境的变化不仅影响组织的发展，对于个人的成长同样有很大的影响，请回忆在你的职业生涯中最大的变化是什么？你是如何应对的？

b. 你有没有这样的经历：为了适应新环境，你推行了新的政策，但团队成员并不认可。你当时是如何处理这种状况的？

c. 面对近乎残酷的市场竞争，对于任何一个企业来说，只有勇于变革才能求得生存，求得发展，请结合你的工作经历谈谈在变革管理方面都做了那些工作？

d. 请讲讲你是如何帮助下属或同事接受公司的新政策的？

e. 我们对新鲜事物的接受是有一个过程的，请回忆一下你有没有过开始不能接受某一工作中的变化，但后来又能够接受的经历？是什么让你改变了想法？

9）组织归属。组织敏感性，或政治敏感性，是指关注、了解和掌握自己组织内部或其他组织内部的权力关系，并能辨识出决策者及影响者。

操作中需要着重了解和把控的关键点：

a. 了解组织（自己组织、其他组织、客户组织）的非正式构架（决策者、影响着）；

b. 识别出组织内存在的某种没有言明的约束力；

c. 了解组织的运作模式，能够预见某一新事物或情况将如何影响公司的某些人、某些部门；

d. 清楚地知道影响组织的根本问题、机会或政治力量；

e. 对潜在的文化和政治因素或事件有识别，以免遭遇困惑。

推荐行为面试题目：

a. 你所在的组织的文化是什么样的，你现在公司的工作氛围与以前的有什么不同，这种差异是否有助于你更好地完成工作？请举例说明。

b. 你了解你们公司的运作模式吗？请讲讲你在这方面的经历。

c. 请讲一个由于你对公司的了解不够深入，导致没能完成工作的例子。

d. 有时候对于客户组织的了解会有助于你赢得客户的支持，请谈谈你在这方面的经历。

e. 请谈谈你运用组织中非正式的关系网络来帮助你完成某项工作的经历。

10）控制。控制是指通过不断地对业绩进行衡量和调整，以保证制订的计划得以落实，任务目标能够完成。

操作中需要着重了解和把控的关键点：

a. 与下属共同设立目标，提出要求和标准，制订工作计划；

b. 根据业务特征选择关键控制点；

c. 及时了解下属的工作进程，对其业绩和计划进行比较，察觉其不足，并及时纠正；

d. 能够控制部门内的信息流向；

e. 能够作质量监控；

f. 适时控制。

推荐行为面试题目：

a. 当一项任务涉及多人时，你是如何确保工作按照计划完成的，请回忆一件最近在内部控制方面遇到的比较难处理的例子，你是如何做的？

b. 美国一位管理学家曾把控制比喻为授权管理的"维生素"，请结合你的经历谈谈是如何做好控制的？

c. 请结合一个实际发生的例子，谈谈你是如何确保由下属承担的工作任务落实到位的？

d. 请谈谈你在监督下属完成工作方面遇到的最大的挑战是什么，请回忆一个你作为管理者，由于没有即时监控，而导致工作任务发生拖延的事例。

e. 当你发现下属在完成一项任务时，业绩表现和计划有较大出入，请谈谈你在给下属布置任务时，下属不能按要求完成任务时，你是如何处理的？

11）协调。协调是指能够妥善处理利益相关者之间的关系，促进相互理解，获得支持的能力。

操作中需要着重了解和把控的关键点：

a. 重视并乐于沟通，愿意与人建立联系；

b. 能够打破自我中心的思维模式，尝试站在对方的角度和立场考虑问题，体察对方感受，促进相互理解；

c. 重视信息分享，用心倾听各方的意见，并根据实际情况及时作出调整和回应；

d. 能够以积极的心态和不懈的努力对待冲突和矛盾，而不是使用强权或回避；

e. 能够平衡好内外部的关系，解决随时可能发生的冲突。

推荐行为面试题目：

a. 请回忆一次在你的工作中遇到的最难协调的经历。你是如何解决的？

b. 请谈谈你是如何与相关政府部门协调好关系，确保工作任务的顺利完成的？

c. 很多工作会涉及多个部门或多个人，当你的工作需要其他部门配合，而这个部门的人却以各种理由来推脱时，你会如何处理？请讲一个类似的经历。

d. 请讲一个这样的经历：你和你的老板在解决问题上有不同的看法，你是怎样解决你们之间的分歧的？

e. 当你所管理的团队中有两位骨干员工之间出现了矛盾，不配合工作时，你是如何解决的？请举一个具体的事例。

12）激励他人。激励他人是指激发他人内在的积极性，充分发挥他们的潜能。

操作中需要着重了解和把控的关键点：

a. 把重要的工作或责任授权给他人去完成，并给予他们决策的权利；

b. 鼓励个人和团队根据公司的发展目标设立自己的目标；

c. 明确表示相信他人能够把工作做好；

d. 鼓励员工或团队自己解决问题，而不是提供解决方案；

e. 提供必要的资源；

f. 建立恰当的激励机制以表彰员工的出色表现。

推荐行为面试题目：

a. 请谈谈你是如何激发团队中每个人的，遇到过哪些困难？又是如何解决的？

b. 请结合自己的经历谈谈激励员工最有效的方法有哪些，你有没有在非常困难的时候也鼓励团队或员工自己去解决问题的经历？

c. 团队中有时候会有些人表现平平，不愿付出太多的努力，你是如何激发他们的工作热情的？请举例说明。

d. 你是如何鼓励下属在他们的职权范围内自己作决定的？效果如何？有没有不太成功的例子？

e. 你有没有这样的经历：你鼓励员工自己决定工作的流程、方法，即使你更希望他们使用其他方法。

13）领导愿望。领导愿望是指想要领导团队或小组，在团队中扮演领导者的角色，赢得团队成员的信任，使其愿意在其组织和指挥下完成工作。

操作中需要着重了解和把控的关键点：

a. 愿意成为团队的领导者，承担起组织和带领团队成员完成工作的责任；

b. 能够以良好的工作能力、卓越的业绩以及正直、诚实的品性等赢得下属及周围人的信任和尊重，使得大家愿意追随和服从；

c. 能够使用各种策略来提升团队的士气和效率；

d. 能够对工作进行统筹规划，任务、职责与权限的界定清晰合理，下属能够各司其职，有条不紊地开展工作；

e. 能够在面对复杂情况时迅速分析，果断做出决策，使得团队成员迅速获得行动的方向感；

f. 在需要时，善于使用权利与规则令人服从和执行。

推荐行为面试题目：

a. 请讲述你主动承担团队的领导工作的经历。

b. 请谈谈你是如何赢得下属的信任和尊重的？请举一个具体的例子来说明。

c. 作为管理者，你是如何提升团队士气的？请举例说明。

d. 请讲述你是如何带领团队克服困难，完成一项有挑战的任务的？

e. "不想当将军的士兵不是好士兵"，请谈谈你是如何成长为优秀的管理者的？

14）决策能力。决策能力是指在某项决策之前，在一些可以替代的决策中选择，权衡出各种替代决策的优势或缺点，然后基于现有信息和合理假设做出一种更符合逻辑的选择和决定。

操作中需要着重了解和把控的关键点：

a. 在变化着的模糊环境中敢于做出独立的判断；

b. 决策能够考虑到短期和长期的平衡；

c. 敢于冒合理的风险，勇于承担起决策的责任；

d. 在出现争议时，能够做出令人信服的决策；

e. 能够对关键决策的影响进行定量的测量；

f. 能够为自己和他人确定事情的优先顺序。

推荐行为面试题目：

a. 在目前的职位上，你最近所做的一次决策是什么？请告诉我你所面对的决策情境。

b. 请谈谈你必须做出的一个有挑战性的决策。当时的情况是怎样的？效果如何？

c. 在一些情况下，即使我们获得的信息不完整，也必须迅速做出决策，有没有这样一种情况：你对某项事物的深入了解帮助你做出了正确的决策？

d. 有时人们会凭一时的冲动而做出决定，请举例说明你会努力克服这种情绪，在获得所有的相关信息后才做出决策。

e. 请给我讲讲你在工作中做出的最糟糕的决策。

15）企业家精神。企业家精神是职业企业家综合能力在精神层面的体现和凝聚，具体是指寻找并抓住可以获利的商业机遇，为了达到商业目标愿意承受一定的风险。

操作中需要着重了解和把控的关键点：

a. 关注可能带来商业机遇的各种行业和市场信息；

b. 发现并抓住可以获利的商业机会；

c. 为了实现商业目标愿意承担一定的风险；

d. 为客户、供应商和商业伙伴提供有创新性的商业建议或计划；

e. 鼓励和支持他人具有企业家精神的行为。

推荐行为面试题目：

a. 请讲讲你是如何抓住商业机遇的？最成功的是哪一次？

b. 你最近一次为客户提供的有创新性的商业计划书是什么？客户是否接受了你的建议，效果如何？

c. 为了抓住某些机会，我们必须承担一定的风险，请给我讲一个你在承担了巨大风险后获得成功的例子。

d. 信息社会为人们提供了更多的商业机会，请给我们讲讲你在抓住商业机遇或开拓新的市场方面为企业带来利益或不太成功的经历。

e. 现在创业的年轻人越来越多，请谈谈你在这方面有什么想法？

是否有过类似的尝试？请给我们讲一个这样的经历。

16）项目管理。项目管理是指在规定用来实现具体目标和指定的时间内，对组织机构资源进行计划、引导和控制工作。

操作中需要着重了解和把控的关键点：

a. 项目的实施符合公司的战略目标；

b. 了解客户的需要，在项目中关注客户的满意度；

c. 制订工作计划，包括任务、时间安排、考查点和资源；

d. 在预算范围内合理地利用各种资源；

e. 监控项目的进展和对绩效进行评估；

f. 确保工作的数量与质量符合要求；

g. 按照计划准时完成项目，并且不会超出预算。

推荐行为面试题目：

a. 请介绍一下你做过的最成功的项目，你在其中负责了什么工作？

b. 有时候项目的预算是有限的，在这样的情况下你是如何有效利用现有资源来完成项目的，请举例说明。

c. 在项目管理中，人力资源的安排与协调是非常重要的工作，请回忆一下你在这方面遇到的最大的困难是什么？你是如何确保项目的数量和质量符合客户的要求的？请举一个最近的例子。

d. 请谈谈你管理的最大的项目，当时的情况是怎样的？最大的挑战是什么？结果如何？

e. 你做过的最糟糕的项目是哪个？当时的情况是怎样的？最大的困难是什么？

17）风险管理。风险管理是指一个人在对风险进行识别、预测、评价的基础上，优化各种风险处理技术，以一定的风险处理成本达到有效地控制和处理风险的能力。

操作中需要着重了解和把控的关键点：

a. 能够识别、预测和评价风险；

b. 建立恰当的内部控制流程，以便及早发现和化解风险；

c. 在公司内创造一种积极正向的风险管理氛围；

d. 即使会承担一定的个人风险，在决策时也会考虑有利于组织的方法；

e. 在权衡各种因素后确定合理的风险处理方法。

推荐行为面试题目：

a. 在企业的成长阶段，发展和风险常常会是一对突出的矛盾，请讲一个由于你关注风险的预防与处理，而帮助公司避免了重大损失的例子。

b. 你是如何提高团队成员的风险意识的？请举例说明。

c. 请谈谈你在风险管理方面经历过的一次失败，当时的情况如何，你是如何处理的？

d. 请问你是如何看待工作中各种潜在风险的？请回忆一下你在这方面遇到的最大的挑战，举一个具体的事例来说明。

e. 高收益意味着高风险，请谈谈你在工作中是如何权衡这两者的关系的？举一个具体的事例说明。

18）流程管理。流程管理是指帮助企业管理和优化业务流程，并从优化的业务流程中创造更多的效益，并能总结反馈，为以后的工作改进积累经验。

操作中需要着重了解和把控的关键点：

a. 善于指出过程的必要性，已完成要做的事情；

b. 知道怎样去组织人和调动积极性；

c. 知道怎样去分离和协作工作，以便形成有效的工作流程；

d. 知道衡量的标准；

e. 能够看到别人看不到的机会；

f. 简化复杂的流程；

g. 能够从少量资源中获得更多的利润；

h. 是否有意识地总结反馈，能主动为今后的工作改进积累经验、提供建议？

推荐行为面试题目：

a. 请讲一件你在流程控制方面做得最成功的事。

b. 请回忆一个你为提升工作效率，主动对业务流程进行改变和完善并总结提炼和反馈的例子。

c. 流程再造对于提高效率有很大的帮助，请讲一件你在这方面所做的工作。

d. 有很多业务流程非常烦琐，请讲一件你化繁为简改变旧有流程，使工作效率提升的例子。

e. 请讲讲你是如何推动一个新的业务流程的，遇到过哪些困难，你在改进业务流程、提升工作效率方面遇到的最大的挑战是什么，是如何克服的？

2. 个性心理——职场行为特征测试题目精选

这是一组可主要供专业心理测评的试题精选（假定员工基本的心理特征已经测试和大致了解），共选了 10 个方面，每个方面选 10 道左右的题目，以供实际应用时的参考和拓展。

（1）金钱观。可类似地测评价值观和个人禀赋的行为偏好。

图 2-21　金钱观

不同的人对金钱的重视程度是不同的。有一句话说道："金钱是好仆人、坏主人。"当你支配金钱的时候，它能为你完成许多事情，而当你被金钱支配的时候，也会为了它不惜深陷泥沼。还有一句挺震撼的话：要让钱找人，而不是人找钱。那么你究竟把钱财当作了什么，应该怎样来钱？就用这个测试为你测测看吧！

1）还是孩子的时候，你想要一个很贵的玩具，你的父母说：

a. "你已经有很多了，想想那些没有玩具的孩子。"

b. "好吧，我们买。我们多么疼爱你！"

c. "等零花钱攒够了，你自己买吧。"

d. "如果你乖乖的，过生日时就会得到这个礼物。"

2）今天早晨，你心情不好，吃中午饭的时候：

a. 你请一个同事吃饭，这至少能让别人高兴。

b. 还是一个人吃吧，不要表现出自己的沮丧心情。

c. 你打电话叫上一位朋友，向她诉说。

d. 你直接奔向商场，疯狂购物。

3）你在这里工作两年了，一直没看到涨工资的迹象：

a. 你主动提出，要拿一份与你劳动价值相符的薪水。

b. 如果上级对我满意，他们会想着给我加薪的。

c. 他们最好给你加薪，否则你跳槽到竞争对手公司。

d. 可能你还需要做出更多的成绩。

4）有个朋友已经欠你 10000 元，还找你借 1000 元，这时：

a. 你倾向于不再把他当朋友。

b. 你给了他，因为友谊是无价的。

c. 你警告他说：这是最后一次救急。

5）以下两类工作，辛苦程度差不多，你更愿意选择：

a. 自己很感兴趣，但月收入为 4000 元。

b. 自己不太感兴趣，但月收入为 6000 元。

6）你忍不住为自己买了去马尔代夫度假的机票，从旅行社出来后，你的感觉是：

a. 为自己乱花钱的行为，你感到羞愧。

b. 你逢人就说你要去度假。

c. 你开始梦想：反正人生只有一次。

d. 有点后悔：这么贵，不该花这笔钱。

7）你请朋友们去餐馆吃饭，账单上的饮料钱算多了：

a. 你开玩笑说：怎么白开水也花钱啊。

b. 你什么也没说，反正没多几块钱。

c. 你跟服务员解释账单有误。

d. 你暴跳如雷：最恨这种诈骗小伎俩。

8）在古董店，你看中一套价格昂贵的家具，你会说：

a. 以后会增值：这是一笔投资。

b. 好漂亮，得买回去。

c. 买之前，你想去砍砍价钱。

d. 太贵了，等打折时再说吧。

9）你偶然得知，你比某个同事挣的钱多，这时你认为：

a. 可能上司对自己更赏识吧。

b. 但愿同事不会知道这事儿。

c. 很正常，你工作这么努力。

d. 这个同事应该去争取自己的利益。

10）你没钱了，可正好有个朋友过生日，你需要买礼物：

a. 你编了一个理由，没去参加生日派对。

b. 重要的是大家在一起，共同庆祝。

c. 很害怕负债，可是你还是买了件价值不菲的礼物。

d. 必须买礼物，否则朋友会失望的。

11）在一个豪华的小区散步，你很欣赏那些高档别墅。你想象：

a. 这些别墅的主人肯定没有钱的烦恼。

b. 可能是那些大明星们住在这里，你很羡慕他们。

c. 有一天在这里办个好玩的晚会。

d. 用这种方式炫耀钱财，这些人真是不知羞耻。

（2）自信自强。也可包括相互之间的信任，即他信。每道题目可根据实际需要设成5个或7个程度供选择。

1）我知道同伴将怎样做，他/她的行为具有连贯性，行事总是不出我所料。

2）我发现同伴是个完全可以依靠的人，尤其在遇到重大事件时。

3）我同伴的行为变幻莫测，我总是无法预料下一次他/她又会做出什么令我吃惊的事。

4）尽管时间在不停地流逝，未来谁也无法确定，但我相信无论发生什么事我的同伴都会给我力量。

5）根据过去的经验，我无法完全信赖同伴对我的承诺。

图 2-22　自信

6）有时我很难绝对肯定同伴会一直照顾我，未来太不确定了，随着时间的流逝我们的关系会发生很大的变化。

7）我的同伴是个十分诚实的人，即便他说出令人无法相信的话别人也会相信他说的是事实。

8）事实证明我的同伴过去并非总是值得信任，有几次我曾犹豫是否让其参加容易暴露我弱点的活动。

9）我的同伴让人捉摸不透，人们有时无法确定他将如何行事，但我知道同伴是决不会让我吃亏的。

10）我的同伴并不一定是可以让人信赖的人，我能想起他有好几次不可信赖的行为。

11）我从不认为无法预测的冲突和严重的紧张会损害我们之间的关系，因为我们的关系能经受任何暴风骤雨的考验。

12）如果以前我从未与同伴共同面临某一特殊问题，我也许会担心他或她可能不顾及我的感情。

（3）公平感。每题的选项均为：十分符合；符合；不符合；十分不符合。

1）我不能轻易接受其他人单方面从我这得益。

2）如果我得到的提高技能的机会比别人少，我会很失望。

3）看到有人不该比别人贫穷时我会心烦。

4）有人毫无原因的受到比别人好的待遇时，我会长时间反复思考。

5）我不能忍受利用别人的感觉。

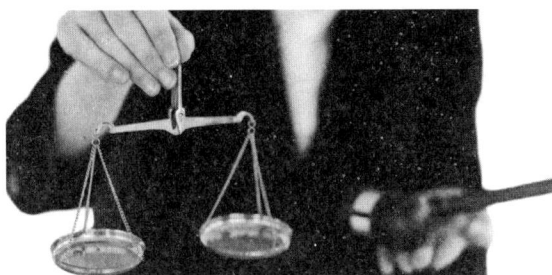

图 2 - 23　公平感

6）以牺牲别人来让自己变得富有，我感到内疚。

7）当别人轻而易举就能做好的事，而我做很费劲时，我会很着急。

8）当自己毫无理由地受到比别人好的待遇时，我沉思很久。

9）当我夺走别人发展的潜在机会时，我会为此而困扰。

10）我使用欺骗手段而别人是通过努力获得成功时，这让我感到困扰。

11）当我对待某个人比对待其他人都差时，我会感到内疚。

（4）创业适合度。成功人士具有的某些普遍而共有的特质，在普通人身上也存在，只是没有发觉到并加以利用。想知道自己身上存在着哪种成功人士的品质吗，创业成功的可能性有多大吗，那就来测测看吧！

图 2 - 24　让成功来敲门

1）父母的财富对于你来说：

a. 是一种家族的荣耀。

b. 是用一分就少一分的资源。

c. 是能够详加利用的财富。

2）你对于自己的民族和国家的态度：

a. 我的民族是伟大而优秀的。

b. 我的民族存在着某些劣根性。

c. 我认为我在一定程度上受到了民族意识的影响。

3）你会因为什么而去参加培训班？

a. 因为要拿到晋升不可缺少的证书。

b. 因为如果自己不努力就会被淘汰。

c. 因为这是我职业规划的一部分。

4）假如你出生在一个十分贫穷的家庭：

a. 我会努力证明自己比别人更优秀。

b. 我会告诉自己如果不用十二分努力就不会有未来。

c. 我会把握眼前的一切机会，不会失误。

5）你认为工作对于你来说：

a. 是证明自己的机会。

b. 是不被他人看扁的证明。

c. 是提高自己的途径。

6）在一场团体对抗赛中，你倾向去成为：

a. 领导自己团队的领袖。

b. 努力不在平均线之下的队员。

c. 制定一个目标，并竭尽全力去完成。

7）你认为自己的家庭：

a. 是优秀而出色的。

b. 是平庸而无力的。

c. 是优点与缺点并存的。

8）如果让你去赌博，你会认为：

a. 运气肯定是站在我这边的。

b. 我肯定会输，还是赌小一点的吧。

c. 分析赌局，并找出风险最低的选择。

9）如果你很渴望得到一样东西，你会：

a. 毫不掩饰自己的欲望。

b. 希望上天能够怜悯自己。

c. 努力克制欲望，并用行动来争取。

10）你认为现在的社会竞争下：

a. 你能凭自身条件很轻松地找到机会。

b. 你会努力去寻找每一个机会。

c. 你会先分析风险，然后理性地去把握机会。

（5）自主学习能力。"于无疑处有疑是进矣"，"学贵有疑，小疑则小进，大疑则大进。"日常生活中，你有没有自发地发掘问题、思考问题、解决问题的习惯呢（每题可分为：非常不符合；比较不符合；部分符合；比较符合；非常符合，共5个选项）？

图 2-25　自主学习

1）在学习的过程中，我能获得很多的乐趣。

2）我不在意周围的氛围如何，即使条件再差，我也能学好我需要的知识。

3）遇到问题时，我首先想到的是询问有经验的朋友。

4）当别人传授我新知识时，我首先考虑的是这些东西对我有没有用。

5）学习中，我奉行"只管行路，莫问前程"的信条。

6）对于一些所谓的定论，我常心存怀疑。

7）我常常会觉得自己某方面的知识技能掌握的不足。

8）询问周围人的意见，不如听从自己内心的想法。

9）如果没有很明确的目标，我是不会去参加培训的。

10）对于比较远大的目标，我认为还是分解成小的阶段性目标比较容易实现。

11）比起小组讨论，我喜欢一个人思考。

（6）抗风险和挫折能力。现实的市场竞争是复杂的，风险大未必收益大，主观的心态起着重要作用。人们为实现预定目标面对风险和不确定性，采取的行动受到阻碍而不能克服时，会产生一种紧张心理和情绪反应。那么你的抗挫折能力又有多强呢?

图2-26　抗风险和挫折能力

1）当困难落到自己头上时，你会_____。

a. 嫌弃和厌恶

b. 认为是锻炼自己的好机会

c. 兼而有之

2）碰到讨厌的对手时，你会_____。

a. 无法应付

b. 应付自如

c. 介于两者之间

3）遇上难题时，你会_____。

a. 失去信心

b. 动脑筋解决问题

c. 介于两者之间

4）有十分令人担心的事时，你会_____。

a. 无法工作

b. 照常工作

c. 介于二者之间

5）产生自卑感时，你会_____。

a. 不想再干工作

b. 振奋精神去干工作

c. 介于两者之间

6）当领导给你很困难的任务时，你会_____。

a. 顶回去了事

b. 想一切办法完成

c. 顶一会儿再去干好

7）当交给你的任务面临较大风险时，你会_____。

a. 无法干好工作

b. 克服困难干好工作

c. 介于二者之间

8）工作中感到疲劳时，你会_____。

a. 总想着疲劳，脑子不好使

b. 休息一会儿，忘了疲劳

c. 介于两者之间

9）当你面临失败时，你会_____。

a. 破罐子破摔

b. 将失败变为成功

c. 随机应变

（7）工作满意度。正能量和激励因素能够给人们带来满意感，激发动力；而保障性因素只能消除人们的不满，那么你的工作又能够让你感到多少的满意呢？那么，就来做这个测试测测看看（每题可设4个选项：十分符合；符合；不符合；十分不符合）。

图 2 - 27 工作满意度

1) 对你来说，得到公平公正的对待是很重要的。

2) 目前你付出的劳动和所得的报酬是很合理的。

3) 就你所知，目前你的薪资在同等岗位中是具有竞争力的。

4) 公司的政策让你感到没有晋升的希望。

5) 领导十分信任你的才能，并经常在同事面前夸奖你。

6) 公司为你提供了一个比较舒适的工作环境。

7) 你能从工作中体验到自己在不断进步。

8) 你和同事之间的关系十分融洽。

9) 你对目前的工作没有什么怨言，但也找不到快乐。

10) 你的工作让你在朋友和家人中觉得很自豪。

11) 你认为上司一直在刻意针对、打压你。

(8) 个人/组织契合度。个人/组织契合度是价值观和文化的融合，员工与组织的契合度越高，员工就越会对工作、领导感到满意，就越会对组织做出更高承诺，进而对员工自身的工作态度起到积极影响，形成良性循环。那么，你和你所处的组织的契合度有多高呢（每题可设 4 个选项：十分符合；符合；不符合；十分不符合）？

1) 我能够和我团队的同事们一起合作。

2) 我所在的公司或组织尊重、信任每一名员工或成员。

3) 所在的公司或组织能够负起社会责任。

4) 我所在的公司或组织重视人才发展。

图 2 - 28　个人—组织契合度

5）我能从工作中获得成就感和自我成长。

6）我目前的工作符合个人兴趣和志向。

7）我目前的工作有着良好的升迁机制。

8）我目前的工作能提供良好的薪资报酬和福利。

9）我的工作时间随时配合组织需要，愿意为公司或组织长期效力。

10）我在工作上追求创新。

11）我愿意充实工作所需的知识和经验，在工作上讲究效率。

（9）决策风格。不同决策风格的人对决策制定的方式与步骤有不同的偏好。不同决策风格的人对行动的迫切性有不同的反应，不同决策风格的人对待风险的态度与处理办法互有差异（每题回答"是"与"不是"）。

1）经过深思熟虑之后，我会明确决定一项最佳的方案。

2）我会权衡各项可选择方案的利弊得失，判断出此时此地最好的选择。

3）我做事情时不喜欢自己出主意。

4）我常凭一时冲动行事。

5）做事时我喜欢有人在身旁，以随时商量。

6）我觉得做决定是一件痛苦的事情。

7）我会参考其他人的意见，再结合自己的情况来做出最适合自己的决定。

图 2－29　决策风格

8）我喜欢凭直觉做事。

9）我处理事情经常犹豫不决。

10）当已经决定了所选择的方案，我会展开必要的准备行动并全力以赴做好它。

（10）生活工作平衡度。你的生活与工作是平衡的吗？衡量它们之间是否平衡，也许更多的是你自己对你的生活的一个满意度，是主观的感受和评价，而不在于时间的分配。

图 2－30　生活工作平衡度

1）你觉得自己是一个乐观的人吗？

a. 是的。

b. 不是。

c. 介于两者之间。

2）你每天的工作时间是_____。

a. 8 个小时

b. 8 ~ 10 个小时

c. 10 个小时以上

3）工作总是占据你很长的时间。

a. 从未有过。

b. 偶尔。

c. 经常这样。

4）对我来说，大多数重要的事情，都是涉及我的工作。

a. 从未有过。

b. 经常这样。

c. 介于中间。

5）很满意自己现在的生活方式。

a. 从未有过。

b. 经常这样。

c. 介于中间。

6）工作和日常生活之间我游刃有余。

a. 从未有过。

b. 偶尔。

c. 经常这样。

7）晚上睡觉，一觉睡到大天亮。

a. 从未有过。

b. 经常这样。

c. 介于中间。

8）经常做梦，醒来后，整个人都感觉疲惫。

a. 从未有过。

b. 经常这样。

c. 介于中间。

9）在日常休闲娱乐中，我常常想到工作上的事。

a. 从未有过。

b. 偶尔。

c. 经常这样。

10）最近的一次旅游。

a. 半年前。

b. 三个月前。

c. 最近一个月。

11）平时的娱乐活动，让我能够放松心情，心情愉快。

a. 从未有过。

b. 偶尔。

c. 经常这样。

12）你的主要日常娱乐活动是_____。

a. 在家休闲娱乐

b. 外出休闲娱乐

c. 泡在网上

（三）行为管理常用表格工具

只需找到对应的表格，只需在表格上勾勾画画，就能进行行为管理实验测评，就能进行自我行为管理，自己的优势和潜力清楚了，行为能力逐步提高了，对企业的贡献大了，自己的收入也多了，何乐而不为呢？

1. 行为管理自我测评和把控的基础表格

（1）行为管理通用表格（单项行为能力多项任务日测表）。

表 2 - 2　单项行为能力多项任务日测表

员工姓名：　　　　　　　　　　部门：　　　　　　　　　　　　时段：

事项/目标	表现	结果	自我评价	原因分析	提升/其他

（2）行为管理通用表格（多项行为能力周测表）。

表 2 – 3　多项行为能力周测表

员工姓名：　　　　　　　　　　　部门：　　　　　　　　　　　　　　任务：

行为能力	周一/时段①	周二/时段②	周三/时段 j	周四/时段…	周五/时段 m
行为能力 1					
行为能力 2					
行为能力 i					
⋮					
行为能力 n					

（3）行为能力评价表。

表 2 – 4　基层管理人员行为能力评价表

被评价人：　　　　　　　　　　　　　　　　　　　　　　所属部门

评价人：　　　　　　　　　　　　　　　　　　　　　　　申请专业类别：

评价时间：　　　　　　　　　　　　　　　　　　　　　　现岗位：

行为模块	行为要项	行为模块权重分	行为要项权重分	评价说明	是否达标
工作任务管理	制定工作计划	30	10		
	组织实施工作计划		10		
	指导与评估工作计划实施		10		
团队气氛营造	部门气氛建设	15	5		
	部门间协调		10		
工作环境的管理	建立工作环境	10	5		
	保持和维护良好的工作环境		5		
决策信息提供	搜集、调研和选择所需信息	20	10		
	处理并提供所需信息		10		
绩效改进	挖掘自身绩效、提高自身绩效	25	10		
	帮助下属提高绩效		15		
总分		100	100		
评价小组评价结果与意见（达标/不达标）：					
评审委员会评审意见（通过/不通过）					

此类表格使用时，主要是为了观测记录实际行为表现的变化，以便测定其与所设定的目标靶值的差距和努力方向。

2. 胜任力模型

表2-5　胜任力模型

类型	关键因素和把控点
能力名称	需要考评的胜任力名称
能力描述	该项胜任力的内涵定义和总体描述
分项能力	与该项胜任力相关的能力组成部分
行为表现	应聘者对指定的和需要的胜任力的最高水平的表现
职业标准	在职业的四个阶段（初期、中间、熟练、优秀），该岗位需要的能力标准

此表可用来具体考评求职者对某特定岗位的胜任程度。

3. 职位—能力量化匹配矩阵

表2-6　职位—能力量化匹配矩阵

能力 职业	首选能力（得分） 权重40%		关键能力（得分） 权重30%		重要能力（得分） 权重20%		相关能力（得分） 权重10%	
M	客户导向		沟通能力		积极热情		信息收集	
E	计划执行		成本观念		坚持不懈		专业知识	
O	决策能力		组织协调		战略规划		沟通能力	
R	创新思维		专业知识		计划执行		团队合作	
S	信息收集		沟通能力		积极热情		团队合作	
L	强健体魄		计划执行		学习领悟		成本观念	

此表是为了获取企业对各类职业岗位前四（六）种主要能力的看重程度，以便作为权重分布，估计求职者能力与招聘职位的匹配度或职业适合度。

4. 大五人格（The Big Five Personality）测量简表（完整版为240题）

表 2-7 大五人格

选项	程度	完全不同意 1	不太同意 2	有些同意 3	同意 4	完全同意 5
1. 我无忧无虑						
2. 我喜欢周围人多						
3. 我不喜欢幻想						
4. 我尽量有礼貌地对待遇到的每个人						
5. 我将自己的物品保持得干净整齐						
6. 我常常觉得不如别人						
7. 我很容易发笑						
8. 我发现哲学争论很无聊						
9. 我常常跟家人或同事起争执						
10. 我善于安排，以便如期完成事情						
11. 当我处于巨大压力下，有时我觉得自己快要崩溃						
12. 我并不认为我自己心情非常愉快						
13. 艺术及大自然中的各种图案经常让我感到着迷						
14. 有些人认为我自私和以我为中心						
15. 我不是个做事很有条理的人						
16. 我很少觉得孤单或忧郁						
17. 我真的很喜欢与人交谈						
18. 我相信让学生听具有争议性的演讲，只会混淆和误导他们						
19. 如果要选择和他人合作或者竞争，我宁愿和他人合作						
20. 我试图认真地完成领导交代给我的所有工作						
21. 我常常觉得紧张或神经过敏						
22. 我喜欢付诸行动的过程						
23. 诗歌对我没有或极少有影响力						
24. 我常会怀疑他人意图						
25. 我有一套清晰的目标，并以有条理的方式朝它迈进						
26. 有时我觉得自己毫无价值						
27. 我通常宁愿独立做事						

程度\n选项	完全\n不同意 1	不太\n同意 2	有些\n同意 3	同意 4	完全\n同意 5
28. 我常常尝试新奇的、外国的食物					
29. 我相信如果你允许他人占你便宜，大多数人会这么做					
30. 我在安定下来做工作前浪费很多时间					
31. 我很少觉得害怕或紧张					
32. 我常常觉得自己似乎充满能量					
33. 我很少注意到不同环境所引起的气氛或感觉上的差异					
34. 我认识的大部分人都喜欢我					
35. 我为达到我的目标不懈努力					
36. 我常常对他人对待我的方式生气					
37. 我是个快活、精力充沛的人					
38. 某些音乐能够引发我无限的想象					
39. 有些人认为我很冷漠、精于算计					
40. 当我开始从事某件事或者承诺做某件事时，我总会坚持把事情做完					
41. 当事情出错时，我常觉得沮丧，想要放弃					
42. 我不是个乐观主义者					
43. 有时当我阅读诗歌或欣赏艺术作品时，我会感到震撼和激动					
44. 我这人任性，不轻易改变自己的态度					
45. 有时候我不是那么值得信赖或依靠的					
46. 我很少悲伤或沮丧					
47. 我的生活节奏很快					
48. 我没什么兴趣思索宇宙或人类的本质					
49. 我一般情况下比较细心且为他人着想					
50. 我是个办事效率高并且总能完成工作的人					
51. 我常常觉得无助，并希望其他人来解决我的问题					
52. 我是个很活跃的人					
53. 我有很强烈的求知欲					
54. 如果我不喜欢他人，我会让他们知道					
55. 我从不感到自己做事有头绪					

续表

选项 程度	完全 不同意 1	不太 同意 2	有些 同意 3	同意 4	完全 同意 5
56. 我有时感到羞愧，以至于想要躲起来					
57. 与其领导他人，我宁可走自己的路					
58. 我常常喜欢用理论或抽象的概念					
59. 假如必要的话，我会利用别人以达成我的目的					
60. 对于所做的每件事我都努力做到最优秀的					

填写说明：请依照您感受的程度，在每题的选项中勾选一项。

表 2-8　分类

N		E		O		A		C	
1		2		3		4		5	
6		7		8		9		10	
11		12		13		14		15	
16		17		18		19		20	
21		22		23		24		25	
26		27		28		29		30	
31		32		33		34		35	
36		37		38		39		40	
41		42		43		44		45	
46		47		48		49		50	
51		52		53		54		55	
56		57		58		59		60	
总分									

（1）计分方法和标准。

神经质：题项有：1　6　11　16　21　26　31　36　41　46　51
　　　　 56

　　　　其中：1　6　21　31 题为反向记分。

外倾性：题项有：2　7　12　18　22　27　32　37　42　47　52

57

其中：18　22　47 题为反向记分。

开放性：题项有：3　8　13　17　23　28　33　38　43　48　53　58

其中：3　13　28　43　53　58 题为反向记分。

宜人性：题项有：4　9　14　19　24　29　34　39　44　49　54　59

其中：4　9　14　19　24　44　49　54 题为反向记分。

责任心：题项为：5　10　15　20　25　30　35　40　45　50　55　60

其中：20　30　60 题为反向记分。

（2）解释及评判标准。

1）神经质：指个体体验消极情绪的倾向。神经质维度得分高的人更容易体验到诸如愤怒、焦虑、抑郁等消极的情绪。他们对外界刺激反应比一般人强烈，对情绪的调节能力比较差，经常处于一种不良的情绪状态下。并且这些人思维、决策以及有效应对外部压力的能力比较差。相反，神经质维度得分低的人较少烦恼，较少情绪化，比较平静，但这并不表明他们经常会有积极的情绪体验，积极情绪体验的频繁程度是外向性的主要内容。

得分越低，表示情绪越稳定；得分越高，表示情绪越不稳定。对283 名大学生使用此量表的测试结果表明，20.4 分以下为典型低分，38.8 分以上为典型高分。

2）外倾性：指个体对外部世界的积极投入程度。外向者乐于和人相处，充满活力，常常怀有积极的情绪体验。内向者往往安静，抑制，谨慎，对外部世界不太感兴趣。内向者喜欢独处，内向者的独立和谨慎有时会被错认为不友好或傲慢。

得分越高，性格越外向。对283 名大学生使用此量表的测试结果表明，26 分以下为典型低分，42 分以上为典型高分。

3）开放性：指个体想象力以及好奇心程度。开放性得分高的人富有想象力和创造力，好奇，欣赏艺术，对美的事物比较敏感。开放性的人偏爱抽象思维，兴趣广泛。封闭性的人讲求实际，偏爱常规，比较传统和保守。开放性的人适合教授等职业，封闭性的人适合警察、销售、服务性职业等。

得分越高，性格越开朗，态度开放，容易接受新事物。对283名大学生使用此量表的测试结果表明，32分以下为典型低分，47分以上为典型高分。

4）宜人性：反映个体在合作与社会和谐性方面的差异。宜人的个体重视和他人的和谐相处，因此他们体贴友好，大方乐于助人，愿意谦让。不宜人的个体更加关注自己的利益，他们一般不关心他人，有时候怀疑他人的动机。不宜人的个体非常理性，很适合科学、工程、军事等此类要求客观决策的情境。

得分越高，性格越随和。对283名大学生使用此量表的测试结果表明，30分以下为典型低分，48分以上为典型高分。

5）责任心：指个体在目标导向行为上的组织、坚持和动机。这个子维度把可靠的、讲究的、有能力的个体和懒散的、行为不规范的个体作比较。同时反映个体自我控制的程度以及延迟需求满足的能力。正面表现为行为规范，可靠，有能力，有责任心，他们似乎总是能把事情做好，处处让人感到满意。负面表现为行为不规范，粗心，做事效率低，不可靠。

得分越高，责任心越强。对283名大学生使用此量表的测试结果表明，36分以下为典型低分，44分以上为典型高分。

大五类因素包括：严谨性、外向性、开放性、宜人性与神经质人格特质。一般记为：O代表Openness to experience（开放性）；C代表Conscientiousness（严谨性）；E代表Extraversion（外向性）；A代表Agreeableness（宜人性）；N代表Neuroticism（神经质）。

初始模型的提出者是雷蒙德（1961年），但未能达到学术的高度。1990年，他的五因素模型得到最高水平的组织接受（歌德堡，1993）。大五类人格特征被认为是具有心理学量表基本结构的个性特征。这五种因素提供了丰富的概念架构，且整合所有的研究成果和人格心理学理论。大五类特点也被叫作"五因素模型"（或FFM科斯塔和Mc-

Crae，1992），以及全球因素（罗素和 Karol 人格，1994）。

至少有四套研究人员各自独立研究这个模型的数据，现已鉴定出同样的五大因素：首先是 Tupes 和 Cristal，其次是歌德堡在俄勒冈州研究所、美国伊利诺大学的 McCrae 科斯塔和美国国家卫生研究院。这四套研究人员使用不同的方法找到五个特点，不过每一组的 5 个因素有所不同的名字和定义。然而，所有研究的总体因素类型是一致的。

不可能有对任何人、对任何场合下都非常适用的测评工具和试题体系；同样的题目和表格，对不同的应用者来说，收效也可能不同。所以，在实际应用中，要根据具体的需要，选择和再造更有针对性的行为面试题目，或对不同方面的行为能力实验测评赋予不同的权重，并且要考虑到各个测试题目、各单项能力相互之间的结构关联，还要注意与营造现场气氛、经验和临场的感受判断相结合。

六、HRM2.0 及相关应用的实践检验

笔者自攻读博士学位以来的 20 多年始终没离开深化行为分析这条线（准备入师门前导师就给我明确了博弈论这一研究方向，而博弈论与行为实验等是密切相关的），有个人兴趣，有知识结构，有专业方向，也有机缘巧合等多方面的因素，始终坚持做基础研究这条路走下来，现在到了该战略大转移的阶段了。

近年来，笔者更加明确地将研究和应用的方向聚焦及定位在博弈实验与人资管理及揭开行为复杂之谜的结合上。自 2014 年 6 月起，通过实验经济学与人力资源管理的课堂讲授机遇，提升人力资源管理的共同愿望和志向，促成产、学、研的紧密合作和牢固联盟。20 多年的积淀，两年多专注的边研发创新、边应用实践的总结提炼、相互支撑、

互为验证、交互推进过程中，找到了可行路径和关键落地点，令人振奋的实际应用效果进一步激发了深入研究的兴趣和动力，形成了良性循环。

（一）HRM2.0 应用效果

在 HRM2.0 现阶段的应用实践中，相对集中地做了招对人、留得住两方面的事情，收到了初步的但效果显著的实用佳绩。

1. 提升招聘效率

通过有选择地在专业的人力资源管理公司，以及多个行业的央企、民企和高等教育机构两年多时间的逐步试用，围绕着发掘和发挥个性优势和潜力这条主线应用 HRM2.0，总业务量累计达到招聘数万人的规模，提高了招聘成功率，主要效果体现在：招聘周期缩短，平均费时仅为过去的 1/5 不到；成本减低，只是原来人均招聘成本的 1/3 ~ 1/2；招聘群体定位准确，通过初步的行为测评 App 后，兑现到现场面试承诺的应聘者由原来的 20% ~ 30% 上升到接近 100%；薪资和工作满意度显著提高，在整体经济状况低迷，同行业竞争更加激烈的环境中，人资管理企业的业绩仍有显著提升（公司主要业务部门的 6 个人干原来 15 个人干的活），业务人员的观念和素质均有所提升，行业相对排序也有晋级。

当然，市场认可、HR 岗位上专业人员（尤其是资深 HR）的接受和配合，是试行中阻力和困难的主要来源，好在公司主要领导与核心人物的率先认同和坚定推行的信念，才使应用实践获得了第一手的有力的实证支持。

2. 延长留任率，降低离职率

据粗略估计，当今的年轻人平均要换 3 ~ 4 次岗位后才有可能使工作基本稳定下来，而应用 HRM2.0 后，在一个公司连续工作 1 年以上的人数和比例能提高 3 ~ 5 倍。

"树挪死，人挪活"，跳槽究竟合不合算，跳了以后会不会比现在强，是不是就有兴趣、就能发挥自己的优势等，一连串的问题使得在重新选工作时很纠结，甚至是挣扎。虽然当今信息和渠道多了，选择余地大了，但多元目标和多重因素影响，重新选一份工作也不是件很容易的事儿。应该怎样考虑跳槽问题，若能知道自己的个性和潜力，反算收入账，这事并不难；若要考虑到机会成本和精神层面的东西，就不那么简单了。

实际应用 HRM2.0 时的做法是，对于普通员工，也可以采取类似年薪制的做法，有一部分收入叫久任奖金，聘用时迁协议明确，一年发一次；而且基本工资部分也应包含年资薪金，还可通过员工持股方式增强员工对企业的主人翁意识和责任心，融入企业文化；员工也因行为能力实验测评和自我行为管理，看清了自己的优势强项，找到了适合自己的工作岗位，工作起来安心了，也不再轻易跳槽了。

3. 找对了

个人工作顺心，企业提高绩效，团队创业成功，其实关键点是相同的，就在于：找对了。任何事情都有关键点，抓住它就可以解决90%的问题。

（1）找对人就抓住了成功的决定性因素。在建立团队的使命感这件事情上，关键点和决定性因素是找对人。

（2）使命感是激发出来的，不是灌输进去的。千万不要想着让别人为企业和团队的事业拼命，也别认为自己真的有能力给别人"洗脑"。企业能做的仅仅是激励相容：激发员工对于成就感的渴望，然后帮助员工实现它。

（3）远景目标要敢想，短期目标要敢干。要想获得足够大的成就，先要有足够大的梦想，然后勇敢地去尝试，而且分解的短期目标要比能力略高一点。千万别不好意思画饼，这个饼不是画给老板的，它是画给员工的。你不给大家一个可期待的梦，大家怎么有现实的动力跟着企业去改变世界呢？

（4）信任驱动而非 KPI 约束。千万别信 KPI 类的那一套。如果你给员工 KPI，那你只能收获 KPI 的结果。如果你给他信任，那你会收获更多。

谁都不愿意被像个提线木偶那样摆弄。如果你想让员工把工作当作自己的事情来做，就要把他当成年人对待，尊重个性，发挥优势和潜力，给他足够的信任，让员工自我行为管理，实现工作目标。

（5）分散决策，调动一线员工积极性。勇敢的把权力分散下去吧，不仅不会给你带来损失，反而会给你带来极大的收益。信任下属比自己更加专业，他们的信息比你更全面和及时。最关键的是，你只有给了他们权力，他们才愿意承担责任。

此外，还要给员工足够的物质回报和上升空间，要能与员工同甘苦、共分享，信息透明，使传统的上下级关系转变成共同奋斗的伙伴关系，这样就找对了，就成功了！

行为精准匹配，而且是双向动态的。用（行为）大数据解决人才发现和评价问题，用行为大数据可以解决找对象、谈朋友等许多生活、情感方面的行为匹配类问题。

从总体上看，招聘成功率、岗位留任率是 HR 的核心任务和基础环节，只要通过行为能力实验测评和自我行为管理，能把这两方面的工作做好了，个人的优势发挥了，企业的绩效上去了，整个人才市场的秩序、效果及趋势都会上升到新台阶、进入新阶段。

（二）HRM2.0 应用拓展

这里，我们选择比较近期的、与 HRM2.0 在理念和实现方法上相关度高和在应用中颇有代表性的几个案例，进一步体会"人人英才，人职匹配"在人才发掘、测评和发挥个性优势等方面的独到特色和美好前景。

1. 玩得溜，干得欢

毕业季，找工作真心耗费体力和心力，刷求职网站的间隙，总要透口气玩把游戏，现在 App Debut 让你玩着玩着，就能测出的你的行为特性和习惯，顺便把工作也落实了。

Debut 的创始人 Charlie Taylor 也曾经有过毕业生的烦恼，在约克大学的最后一年，前后一共申请了 40 份不同的工作，参加面试数十次。但他的煎熬不算多，在毕业后不久就得到了安永会计师事务所的工作机会。但在工作 4 年后，仍旧心系着和他有过一样纠结心路的毕业生群体，于是设计并推出了 App Debut。

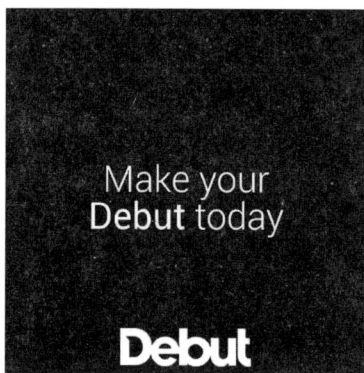

图 2 - 31　App Debut——首款游戏求职 App

这款 App 于 2016 年 3 月刚刚上架，定位是一款学生的 Career App，但上线 3 个多月已经有超过 40 家一流公司在 Debut 的平台上注册，包括欧莱雅 UK，微软，Ernst&Young（安永会计师事务所），Barclays，PWC，Transport for London，Royal Mail，Allen and Overy（英国安理国际律师事务所），英国电信等，已经累计下载达 14000 次，并且用户参与度极高。

与其他求职 App 相比，Debut 的差别化竞争优势在哪里？

（1）Debut 是世界上首款将游戏与找工作结合在一起的求职 App。

（2）游戏根据企业量身定制。在先前开放游戏中，针对欧莱雅集团此次招聘想更多的吸引男性应聘者，游戏"The Seeker"重在测试挑战者是否具有冒险精神。

（3）即使你没有投递简历，在你玩游戏的同时，系统会测评你的能力，将你的信息配对，发给你的潜在雇主，随后 App 的"Talent Spotting"的功能也能让优秀雇主找到你。

自己的个性和潜力知道了，工作岗位匹配对了，自然工作起来就有劲了，也稳定了。

这其实可看成是 HRM2.0 的娱乐版。[①]

2. 依靠网络平台和大数据算法实现人职匹配

全面 + 及时 + 个性化，依托网络招聘平台，以大数据算法实现人才与企业职位的精准匹配等 HR 实用功能，帮助企业（尤其是中小企业）解决招人难这类问题。

"互联网 +"的网络招聘模式经历了专业化的钓鱼和养鱼模式，发展到了更加开放的社交平台模式，逐步克服"效果差，效率低，成本高"等网络招聘弊端。如何能让企业和人才都更主动地应用网络招聘，双向匹配模式才是未来发展的关键所在。

首先，通过高科技，扒取求职者的简历、社交信息、在论坛上发布的言论以及发表的论文等全方面数据，积累与 HR 有关的行为大数据，形成多维度立体的人职匹配图像和情景故事，合法地获取和分析个人信息。

其次，有效利用大数据分析技术，重点针对求职招聘行为，用科技代替人手，自动更新，秒速匹配。

图 2-32　智能推荐

企业用户一旦在网络招聘平台上发布招聘信息，平台就会以自动方式，最快速度、最合适的备选人数、最具针对性的应聘者行为能力

---

① 本案例根据 Suqiao 在微信公众号 PhD – UK 上发表文章中提供的信息资料改写。

描述和测评、最大限度地满足用户需求，最终实现个性化的双向匹配，既发掘了求职者的个性优势，又更具针对性地满足企业的具体用人需求，还能提供如人才流动分析、职业路径模拟等过程的预先分析。

这其实就是 HRM2.0 的社交网络版。[1]

3. 美国的 4H 教育

美国的 4H 教育是在美国推行一百多年的一项规模最大的非正式教育计划。据保守统计，过去全美接受 4H 教育的年轻人已达 650 万人。

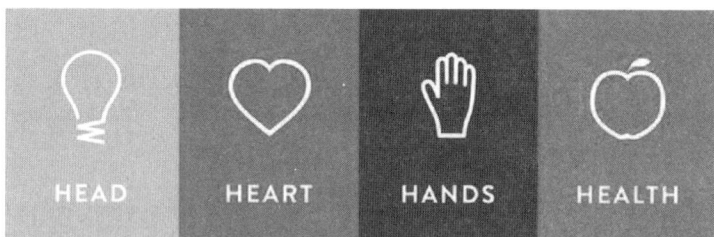

图 2-33　4H 教育

（1）一个草根组织百年来用什么打动美国政府？4H 教育中的"4H"是 Hand、Head、Health、Heart 的简写。顾名思义，这种教育强调"手，脑，身，心"的和谐发展。它起源于 20 世纪初，是当时美国本土的一个草根性的组织——乡村俱乐部，只有农场子弟参加。最初，这些孩子会简单学习饲养家畜、家禽，种地，罐头制作等。在俱乐部增加汽车保养和安全等趣味性较强的职业学习后，美国许多城市的年轻人也被吸引，开始加入俱乐部。

这种 4H 俱乐部，又称为"四健会"。它甚至吸引了美国部分州的教育家，他们据此教授农村孩子以有用技能，并在 1902 年创建了 4H 青少年发展计划。

肯尼迪总统曾接见 4H 青少年。随着 4H 青少年发展计划的推行，

① 本案例取材于 http：//36kr. com/p/5039021. html 和游戏邦/gamerboom. com 等网站，在此基础上改编。

又由美国农业部推出并纳入国家协作拓展系统。在美国，联邦政府、州政府和地方政府通过"协作拓展系统"为 4H 工作募集资金，地方拓展机构也帮助组织本域内的 4H 计划，同时负责培养、训练本域内的志愿领导者。

（2）让年轻人在青春时期尽可能地发展他的潜力。发展到今天，4H 俱乐部（四健会）在美国有约 90000 个俱乐部，会员从 5 岁到 19 岁约 650 万人。4H 教育计划及课程材料由美国 110 所大学专家联合研究推出，它的培养目标由最初均以农业的学习为主，到加大鼓励会员学习一些其他的内容，诸如领导能力、创造力、协作能力、地理信息系统及公开演讲。

（3）"从做中学"是重要的教育理念和实践。4H 教育尊崇"从做中学"的理念，这是美国提高青少年素质的一个重要的教育理念和实践。4H 教育的三大主要使命在于向科学、健康生活、公民意识三方面发力，鼓励孩子们从大自然和日常生活中撷取知识和掌握技能，进而在生活中创建积极的人生观的教育哲学。

（4）提供个性化课题研究最为吸引人。提供个性化课题是 4H 教育最吸引人的地方，几乎每个地方拓展办公室都有一个或多个代理，他们辅助和吸纳当地的 4H 志愿领导者，帮助其成员完成他们的课题。

在美国大多数州，会员可以从 50 到 100 个选项中选出一个课题，成员也可自己设计课题。一项课题可以包含任何能够激励年轻人学习和发挥他们想象力的主题，诸如环境，健康和安全，领导才能，营养学，动植物，科学技术等方面。孩子们还可以学习如何做决策，处理事物，塑造良好的个人形象，以及有助于培养自身能够担负重大责任，并掌握多方面才能的技术。

这其实就是 HRM2.0 的美国版。[①]

（三）如何正确看待心理测试和行为实验结果

用于人力资源管理的心理测验和行为实验势必会越来越普及，但

---

① 本改编案例的原材料取自 http://learning.sohu.com/20160805/n462808286.shtml。

如何才能发掘出心理测验和行为实验的价值，从而更好地进行自我行为管理呢？从实际测评角度就以下几方面谈谈如何看待相关实验结果。

1. 明确需求

以需求为导向，明确实际中遇到的、可用实验方法辅助解决的问题，了解心理测评需要。类似的心理测验只有在需要的时候，才能真正受益。如若你现在过得很快乐，就不要去做那些心理健康诊断测验，只有在你有麻烦的时候，才去使用这类测验，这样才能发现心理问题所在。行为实验也是如此，当人资管理实践遇到问题和麻烦时，需要从人的行为本身找根源时，实验是有效有力的工具。当生活和工作一切顺利的时候，可以做些发展性的心理测验和行为实验，有助于提高生活质量和人资管理的整体水平。

2. 了解方法

适当了解实验原理和心理测试的方法结构等是必须的。每一实验和心理测验被设计出来，其实都是有目的和针对性的。每一个测验都有特定的效度体系和评价标准，虽然在不同的测验中结论不一定截然不同，但肯定是有许多差异的。需要了解心理测验和实验的对象，是针对正常群体的，还是针对特殊群体；是适合个体测验，还是只能用于群体分析的；还要掌握实验的时机和控制时长，以收到更好的效果。行为实验是行为管理的必要前提，而行为管理有可看成是连贯的真实场景下的行为实验，两者相辅相成，交互演进。

行为实验要借助试题问卷形式，但与一般的问卷调查和心理测试又有明显不同：行为实验的目标和因素更加集中明确、可操控性强，而且是可重复、动态交互的，更注重发现特定情境下具体行为的典型特征及响应机理；设置必要的平行对照组，能够低成本、高效率和更具针对性地进行分类对比分析，使得结果的可信度大大增强。

3. 明了意义

要明白心理测验分数、评价建议等结论的意义。行为实验和心理测试的结果分数，只有对此加以合理解释和正确看待才有意义。分数并不代表一切，只具有参考价值，还需要结合受试验者的具体实际进一步观察。所以，一般是将心理测验称作心理测评，类似的行为实验称为人—职匹配测评等；不仅要测量出一个结果，更要对结果进行有效的评价。对于不同的人而言，若得到相同的测验结果分数，意义其实并不一样。如果单纯获得自己的测验结果，而没有进一步的分析解释，那就不会有太多的意义。而且，实验和测试结果分数并不是一个数值点，更多地其实要看分布范围和形态。在看自己的测验结果分数时，如果只拿到一个具体的数字，那么就需要进一步索取分数的波动范围，以及详细的结果说明等。

4. 包容误差

客观地看待实验和测试分数的误差。因为每一次实验和心理测验的结果都是有误差的，而且，相同的心理测验方法及量表，由不同的人使用，也会具有不同的误差情况。对测验使用者而言，了解测验结果的误差情况要比了解测验的结果分数更加重要。很多时候，原理正确、设计得当、实施有效，内部与外部效度得到保证的情况下，误差也是根本无法控制，关键在于即使如此，实验要比其他理论预设要进步、科学一些。并不是每个实验和测验都适合于所有人，测验误差对不同的人可能是不一样的。在查看测试结果时，一定要注意仔细看看测试结果可能出现的误差情况，并在做评价时考虑在内，可做适当的修正调整。

5. 随观变化

要随时注意实验和测试分数的变化。实验和测试的结果分数可能会发生变化，这也是专家为什么建议做实验要有时间间隔、要有对比和对照组。人的心境、心理素质等会随时间发生改变，人们会变得成熟或者因为经历不同的事情而有所发展。即使对于内向或外向这类基本的性格特征，也有可能发生改变。因此，不要认为自己的能力和性格是一成不变的，否则会将自己束缚住。人们可以改变自己的一切内容，要相信行为偏好/习性（先天禀赋＋后天习得）也是在演变的，而行为实验和心理测验可以帮助人们随时了解任一时刻的行为反应和心理变化。

需要说明的是，此处的初步体会只是本人在做相关工作后编写整理本书时的粗浅感悟，仅供参考！尤其要对比参照地看待实验结果。

显然，行为实验方法对两类人（极端看重/轻）失灵，会毫无作用的。

我的个性优势在哪儿，潜力究竟有多大，又该如何发挥？借助行为实验与行为管理，我们能知道劲该往哪儿使，该如何使。当然，再好的测试题目，再完美的实验手段，也比不上真实场景下真刀真枪、真金白银地考验出一个人的真实行为品性。一是人的行为特征和规律没有绝对的定数；二是行为能力实验测评毕竟只是情景模拟的近似方法，永远不可能完全替代实际情况下的行为观测。但最值得玩味的是，人生许多关键时期和特殊关口的临界决策，稍有不慎，可能造成不可挽回、不可弥补、不明原因、不易积淀、难以演进的行为选择，而实验方法能浓缩时空、聚焦重点、便于操控，只要掌握好实验设计和比较实验分析推理等关键环节，说不定只需要花费真实成本的1/10甚至更少，就能获得更好的收效；只需要付出几小时、几天的努力，就有可能胜过金牌面试官和资深 HR 专业人士几年，甚至几十年的经验积累和琢磨感悟，而且实验得到的东西更有利于接受科学检验、直接上升到理论，更方便于传承和发扬光大。

说 道 篇

　　员工真的是越来越不听话、越来越不好管吗？企业真的是越办越难、绩效真的只能好好歹歹吗？人的行为真那么复杂、那么不可捉摸吗？……其实，并不见得就是那么回事，说一千、道一万，根源还是事在人为，只是我们要变变看问题的角度、换换解决问题的工具，打开传统理论方法的行为暗箱，破解活灵活现的员工的个性密码。而做什么事都要有规有道、有理有据，那就让我们对行为实验测评和行为管理说道说道，让我们的做法更科学可靠、更切实有效。

一、合适的人放在合适的位置上是最大的激励

虎的威猛展现于深山密林，鹰的雄姿翱翔在辽阔天空，鱼的柔美荡漾在江河湖海，怎样才能把合适的人放在适合的位置上，如何最大最有效地发掘员工的个性优势及潜力，要让他们有一种内源性动力——自己从内心里愿意动起来。

图 3 – 1　把合适的人安排在合适的岗位

（一）让合适的人做合适的事情

世界上杰出 CEO 韦尔奇的一生，用他自己的话说，其实就只是做了一件事：让合适的人做合适的工作。而怎样才能让合适的人去做合适的事，不仅要考虑专业技能等硬实力（测评相对规范和完善），还要注意到人的行为特点等软实力，这些是企业管理人员，尤其是人力资源管理者以及每一位员工都需要认真思考和研究的问题，实际中的常用做法如下：

1. 兴趣对路了，就能自我激发，就有用不完的劲

兴趣是指个体以特定的事物、活动及人为对象，所产生的积极的和带有倾向性、选择性的态度和情绪，其深层的是与梦想、目标和志向密切相连的。爱因斯坦曾经说过："对一切来说，只有热爱才是最好

的老师。"兴趣是人们探求知识，锻炼才干的精神动力。有兴趣才会有欲望和动机，当兴趣产生时，人的注意力就会高度集中，就能激励人的内心热情和才智发挥。

兴趣不只是对事物表面的关心，还会有锲而不舍的精神，每个人都会对他感兴趣的事物给予优先注意和积极地探索，并表现出心驰神往。由兴趣带来成功的事例举不胜举。而且，"知之者不如好之者，好之者不如乐之者"，高兴学来的东西理解得深透、记忆深刻，感兴趣的工作会不断地探索。所以，企业应该尽可能地根据员工的个人兴趣、专业爱好安排工作岗位，只有这样才能最大限度地激发员工的工作积极性。

2. 员工秉性与职岗能力需求相适应

人的秉性和气质是天生的，天性对职业生涯和人生道路的选择的作用是非常重要的。不同的职业岗位对员工的气质秉性、行为习惯的要求是有区别的，不同性格类型的员工对工作岗位的适应性也有所不同。其实所谓的"尺有所短，寸有所长"，在人职匹配上就是这么回事。

胆汁质的人一般热情高、事业心强、执着，兴奋时，决心克服一切困难；精力耗尽时，情绪又容易一落千丈。这类人比较适合安置在创新攻关性岗位和短、平、快的任务上。

多血质的人大都行动均衡而灵活、协调性强，对这种人宜以目标管理为主，尽量发挥他们的主动性，自主选择、自我控制；同时还可适当增扩赋权，扩大其回旋余地和发展空间。

粘液质的人基本上属于均衡安静型，善忍让、有规律、目标明、有耐力，但欠灵活，比较适合安置在需要条理性、冷静和持久性的工作岗位。

抑郁质的人多是沉静含蓄，易相处、人缘好、工作细致，但易受挫折、孤僻寡断，反应迟缓，对这种人宜采取过程管理，分配给他们适当超过自己能力的任务，有意让他们获得成功体验，培养自信，逐步成长。

3. 个人习性与职场氛围相融合，不断增强团队的合作

行为风格是一个人的一般行为特点，是个体在过去的生活和工作

经历中逐渐形成的稳定的行动倾向和方式。行为风格和习性是后天在与环境不断的交互中养成和演进的。只有充分发挥不同员工各自的工作风格，让每个人都能适得其职，和谐共进，与团队和集体更加交融，才能不断增强团队的整体绩效，才能使团队的合作更坚强而有力。

4. 知识技能与岗位需求相匹配，充分发挥员工的才智

一般来说，企业在选拔人才时比较注重应聘者"能做"什么和将要做什么，易忽视应聘者"愿意做"什么。"能做"什么是应聘者的知识和技能决定的，而"愿做"的因素包括价值观、动机、兴趣和其他个性特征。这需要用人单位在行为能力实验测评和面试中全面观察和综合判断人才的价值取向：是看重收入待遇、社会地位、职位的安稳，还是自我价值的实现等？如果应聘者的价值观不能在工作中充分体现，那么他的积极性就不可能充分发挥，甚至起到消极作用。

俗话说"虎落平川被犬欺，龙游浅滩遭虾戏"，不是它们无能，而是因为处在不合适的环境。不仅要"好钢用在刀刃上"，还要看到一把刀任何一个部位都是必要的，都是好钢。大千世界，没有两片相同的树叶，不同的人适合不同的工作，没有最理想，只有最合适。作为企业人力资源管理者应该转变观念，善于运用新的管理理念和工具，尊重和滋养员工的差异性，发现和把握员工的差异化，根据每个员工的气质类型、行为风格、兴趣爱好和才智特长，量才而用、适才而用，让工作安排尽可能既符合员工个人内心的需要，也符合企业发展的需要，让合适的人去做合适的事情。如此能大大提高组织的效能，才能使企业取得良好的业绩，同时也使每个员工都能绽放出自身绚丽的光彩，达成个人与企业的双赢。

（二）怎么让员工变得主动？

不是员工不主动，而是你没能让他/她变得主动。让我们来看一下，通常情况下影响员工积极性主要有两方面的原因：一方面，管理人员让员工做了错误的事或者为了员工但做了错误的事，或者没有为员工做分内的事；另一方面，企业没有将员工放在合适的位置上，让他们做应该做的事。总的来说，就是没能让员工变得主动。

大概理一下员工消极的主要"理由"，通常表现不外乎如下情况：①员工不知道做什么；②不知道为什么这是他们应该做的；③不知道怎么做；④员工认为经理的方法无效，自己的方法更好；⑤员工认为他们正按经理的指令行事；⑥员工认为其他事情更重要；⑦员工认为做这件事情没有正面结果，做这件事会有负面效果；⑧无功却受禄；⑨按指令做事却受罚；⑩超出员工能力的指令；⑪无人能做得了的事情。总之，不管何种原因，何种表现以及何种"理由"，责任应先查管理者，解决的方法也先由管理人员做起。

让我们分析查找一下原因，为什么员工会产生上述行为？现今通行的招聘做法是对工作职责的描述而不是对工作行为的描述，"经理认为员工的职责"和"员工认为他们所要做的"，即岗位需求和员工行为之间存在着很大的差异。"你要负责的事物"和"你做某事"是两个不同的概念。前者是一种对责任的想法，后者是一种活动。分不清职责和行为能力，是产生"为什么员工不按经理指令办事"而员工又自认为蛮有"理由"的根源。

这就必须让员工明确自己在这个岗位上或要完成这项任务要做的事：明确时间（开始、结束）；明确工作结果；明确工作方法（工艺或是作业指导书）；明确具体任务；明确质量要求其实也是标准。让员工明确到这个岗位上应做的事，做到什么程度或标准，什么时间完成，完不成会有何后果？完成才是胜任这个岗位或是称职。员工明确这些之后就会衡量自己的行为，知道是否适合和如何去做，就会努力去做其应做的事，完成工作任务才能得到应得的报酬。这样的话员工就不会消极地工作了。

因此，管理方和员工之间需要：

（1）沟通明确共识。为什么每当工作总结时，管理者都会发现一些员工的工作结果和自己布置的工作大相径庭，而员工每次在沟通时都回答明白了，究其原因是什么呢？原因是沟通的不彻底，没有达成共识，有些事情看起来是明白无误的，但事实往往不是。如同盲人摸象一样，人们对事物的认识往往受限于自身的角度，因而对相同的事物往往有不同的理解。这里的关键是要澄清，努力去了解对方的想法，而不要想当然地猜测。成功的沟通是达成共识的沟通，不单是管理者说清楚了，更是要员工理解明白了。

（2）确立目标 SMART。

Specific 具体的——目标必须是具体的、清晰的。

Measurable 可以衡量的——目标应该是可衡量的。

Achievable 可以实现的——目标是可实现的。

Relevant 相关的——目标必须与岗位和自己的专业技能具有相关性。

Time – based 有时限性的——目标要有时效性。

（3）给予充分授权，界定结果。"用人不疑，疑人不用"，"用人存疑，有疑也用"，要根据具体的人、具体的事来定。既然将工作交付员工，就要相信他能够完成任务，经理人对员工督导过度、管手管脚时，好像每一件事都指导得非常具体，但员工却感觉像是一部被别人操作的机器，失去了方向感，会有强烈的不被信任感，工作的积极性会大打折扣，这样状态下员工的工作效率肯定不高。由于信息不对称，想完全了解和放手员工也是不现实的，关键在于让员工自主、先行去减少疑点、克服困难。如果把员工比作开车的司机，要做的是选好开车的人，告诉去哪，而不是去抢方向盘。

（4）设置恰到好处的目标。让下属既能不断感受到高标准的挑战，又能给员工提出正面的期望、让员工愿意为之奋斗，并用积极的眼光看待员工，这样的话，能产生"皮格马利翁效应"，取得预期的效果。作为管理者，要能而且善于回答员工提出的各类问题：希望做成什么样，团队里的作用是什么，最不希望出现什么情况，什么叫工作没有做好？……每个管理者都必须能准确、清楚地回答员工提出的这些问题，对员工的期望越具体明确，员工实现和超越这种期望的可能性就越大。

（三）发挥员工个性特长，给每个员工创造最大的发展空间

人性化管理模式就是要更好地、充分地发挥员工的个性特长，了解员工，知人善任，做到人尽其才，量才适用，才能提高企业的核心

竞争力。

聪明的老板帮助员工发挥特长，愚笨的老板老是找茬……老板想要达到的目标，一定要想办法变成员工愿意干的事，这就是激励相容。

对企业的人力资源管理来说：选人，核心是发现其优势和潜力；用人，关键是用其所长；留人，主要是留住人心；树人，就是要立起一种精神。只有各有所长、各就其位了，才能各尽其能、各得其所。

还有很重要的一点是企业和管理人员要提供机会和平台，让员工能认识到自己究竟是哪块儿料，究竟适合做什么工作，在尊重个人选择意愿的基础上，再把他/她放在相应的位置上。现代企业中，给员工最大的福利是给员工以信任和支持，给予员工培训和引导，帮助其实现职场发展最大化；对员工最高的尊重就是把员工当主人，赋予充足的自主性，创造充分的个性发展空间和平台。

创造发展空间，提升员工价值，提高工作生活质量，公司给员工提供能够充分发挥员工自身能力的平台，并有完善的晋升和薪酬制度及精神激励，使每个人都能在企业中找到自己的位置，展现自身价值。

"一个娘养的儿子有好有孬，一棵树上结的果子有甜有酸"，每个人主动地去随条件发生的变化而去改变自己和适应环境，而这种主动程度、适应方式等相互之间又是不同的，这就是人的行为的内生异质性（人天生就是有差异的，在后天的做事中不同的人又有不同的做法）；让每个员工有自发的积极性，这就是内源性动力和内在活力。而要真正地激发内源性动力，认清内生异质性，就需要发现个性、发掘潜力；而要真正地找准个性，知道每个人的潜力所在和潜力有多大，就要借助实验测评。"西方不亮东方亮"，在别的地方、其他岗位上发挥不出来、不算人才的人，在我这里、在我们提供的职业岗位上、在个性与需求的精准匹配后，可能发挥得很好，就是个人才，正在迅速成长为英才。关键在于个性，在于心情，在于人职精准匹配。

每一个人都是独一无二的，每个人的潜力和优势也是独特的，每个人发挥优势的条件、与外界条件的结合方式也不可能是完全相同的，每个人观察判断、把握机遇、决策形成和实际执行的能力也是不同的。人本能地能够从内心地、自发地随着条件变化（无论是有利的还是不利的）调节自己的行为去适应、去战胜、去创造。发钱发奖品、提高福利等属于外界条件变化的外生性刺激，每个人对这些外界变化和刺激的响应、敏感的模式和强度因人、因时、因事不同而不同。比如，去年年底发了相当于两个月工资的奖金，我很高兴；今年年底发了3个月工资额的奖金，我没高兴起来。为什么？因为去年每个人的奖金都是两个月的工资，而今年好多人的奖金相当于4个月、5个月的工资，我怎么能高兴得起来呢？可有的人对这些不在乎，反正只要比去年发得多就不错，就值得乐呵乐呵。这就是价值观和金钱观的异质性，这就是把合适的人放在适合的位置上、用适当的方式去激励和管理，会显著提高企业管理水平和效率。

二、把撩人的行为一层层剥开

其实，人类的行为不是那么神秘、不那么复杂，神秘和复杂都是相对而言的，就看如何论这些事了，因为它们完全可以通过行为能力实验测评和深化行为分析，一层层揭开迷惑人的面纱，为人力资源管理打个好的基础。

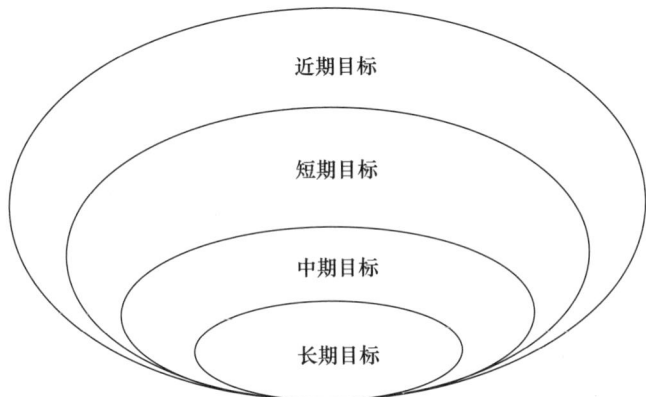

图 3-2 目标

（一）行为实验与行为分析

虽然管理实验由来已久，但管理实验一般是个案式的、针对具体点而言的为什么近年来行为经济学、实验经济学及行为博弈实验蓬勃兴起：一是传统理论方法越来越暴露出其基本假设与核心观点上的严重偏误；二是现实经济与社会发展越来越注重以人为中心、人的行为统领下的资源配置，经济与管理的起点动因、根本任务和最终目的都是为了人及社会的全面发展。

人类对自身行为的认识，可真没少下功夫。著名心理学家弗洛伊德在被誉为改变人类历史之书《梦的解析》一书中抛出了"人的言行举止，只有少部分是意识在控制的，其他大部分都是由潜意识所主宰，而且是主动地运作，人却没有觉察到"的著名观点，而是否有"潜意识力量"，它是如何支配人的行为的，关于这方面的争论从未停止过，到现在还可以说是没有真正搞清楚，尚未形成定论。

如今，新技术的出现和人类的文明进步，彻底改变了人们对大脑意识以外部分的理解。美国顶尖物理学家列纳德·蒙洛迪诺在其著作《潜意识：控制你行为的秘密》序言里直言不讳地告诉人们："人类行为是由无数感知、感受和想法的涓流在意识和潜意识层面汇聚而成的结果，我们行为背后的原因，自己都说不清"。换句话说，就是"人类行为受潜意识控制"，是可认知的，但想完全说清楚也是极不容易的。

潜意识一般指机体对外界刺激的本能反应，也称下意识，是生物学意义上的。而蒙洛迪诺则认为"潜意识是我们理性思维的隐形根源"，不仅主宰着人类行为，还是让人类这个物种能在进化中生存的天赋厚礼。人的感觉系统每秒都在向大脑传递着 11000000 比特的信息，而我们实际上每秒能够处理的信息只是在大约 16~50 比特，按这个推算，可见发生在人类身上林林总总的事情，一个人所发出的一切行为，95% 以上都是潜意识力量在控制。

如果看了《潜意识：控制你行为的秘密》，很可能颠覆"我能够控制自己的思维，做出明智而清醒的决定"的传统看法，也就知道为什么说传统经济管理理论中单一行为假设存在严重偏误了。现实中的确是这样，潜意识影响人们日常生活的方方面面：我应该买哪一套房子，卖哪一只股票呢，是否应该雇用那个保姆来照顾我的孩子，这双让我忍不住深情凝望的眼睛，能够保证一段长期而持久的恋爱关系吗？为什么我们常常会通过外包装评价产品、通过封面评价书的内容，甚至通过纸张光泽度评价公司的年度报告……

人们的"决定"和决策，并不总是由"主观意识"做出的。因为大脑不像电脑那样机械地处理数据和计算结果，它是由一系列平行运作、有着复杂交集的生物模块组成的，而且许多模块都是在潜意识层面运行的。这就是为什么人们的判断、感受、思维和行为背后真正的理由，有时会让我们大吃一惊。通过爆米花实验、可乐悖论、念名字选股票等，蒙洛迪诺告诉人们许多匪夷所思但反思后又觉得确实是那么回事的结果：如果你成功应聘，可能会以为是自己的成绩、分数和性格击败了其他应聘者，而真相很可能是你的老板和你的老乡；你觉得你选择的汽车是因为它的外形好、性能强，而很有可能是你的亲戚或朋友一直开着这个品牌的汽车；你发誓说喜欢一个女孩是因为她的笑容灿烂，而实际上是因为这个笑容让你想起了你的母亲……

行为模式研究的基础是：刺激—响应模式，生物学意义上动物的本能反应，可以说是上天赐予的和不可自我选择的；而后天行为习惯的形成，是习得的，行为/实验经济学前沿有一个重要领域——学习行为过程的实验研究。世界是不对称、不均衡的，人的行为也是不对称、不均衡的，而且每个人的这种不对称、不均衡的具体分布和程度是不相同的，这就是天性禀赋中的行为偏差。与多次行动中相互作用可以抵消的随机误差不同，这种偏差往往会加剧、愈演愈烈。即使人类天性中一点点的邪恶暗能量，遇到相适应的外部条件和影响因素的改变，会发酵、激增和爆发，对社会的破坏作用也是不可小视的。

人是触景生情、交互中能随机应变和换位思考的高级动物，新兴学科行为与实验经济学，把人类行为一层层剥开、分门别类地捋一捋，通过对自利与利他、损失规避、框架效应、锚定效应、家乡情结、投机心理、羊群效应、过度自信、心理账户及赌徒的信条等"有限"或

"非"理性行为现象的剖析，所得结论大大地冲击和改变了传统的看法与做法，坚定了实验能比较透彻地研究行为的信心及必然性，也促使经济管理的研究回归到人本轨道上。所以，行为能力实验测评很重要的作用是考察出天赋的行为秉性、后天养成的习性和今后可能的演变。如今的交换经济、分享/共享经济，都是从人的差异性先天禀赋和现实需要出发，最终都是为了人及社会的全面发展。

（二）工匠精神与行为极致

工匠精神是指工匠对自己的产品、手艺人对自己的手艺精雕细琢，精益求精、日臻完美的精神理念，甚至是达到他人无以复加，而自己还在不断努力、争取能再有提高的地步。这其实是行为的精进，这种几乎是独门手艺、看家本领、师徒传授、代代弘扬类的行为和做法，在当今的市场经济和"互联网＋"时代仍有重要的意义。要想拥有市场，就要有极致的产品；要想做出极致的产品，就必须有极致的行为，其实这就是工匠精神核心的体现。从行为分析和管理角度，行为极致就是达到最佳的意境、情趣和最高程度。产品不分贵贱，角色不分大小，极致就好！从经济学理论上讲，极致行为，是必要劳动时间之上的超额劳动时间，不仅是生产物质产品，更是精神创造和享受。

从企业管理角度看，工匠精神讲的其实就是：企业组织必然要有自己的做事标准和行为方式，精益求精、消费者至上、用户体验是工匠精神的具体体现和载体，是企业获取强大生命力最核心的目标、信念、伦理及价值观。只有把客户、消费者摆在第一位，才能实现企业价值最大化；只有精益求精的极致行为，才能把商品和服务做到极致，才能找到实现企业最大价值的路径和做法，才能最有利于社会和经济的健康持续发展。若曲解市场经济的人文精神和相应的文化元素，误用和放大物质利益诱惑的负面效应，具有工匠精神的产品就很难普遍出现、具有工匠精神的企业就很难长期持久地生存下去。

从行为与制度的关系角度看，"工匠精神"、"工匠制度"和"工匠文化"密切关联。制度并不是哪路"神仙"来外生给定的，靠模仿照搬也不会收到什么好的效果，只能是在经济社会的长期运行和演变中内生的。而中国并不缺"工匠精神"的传统，为什么在今天反而被淡化和式微，这需要探寻"工匠精神"的深层次原因，需要有支撑"工匠精神"的行为方式、制度和文化。

价值观是人认定事物、辨别是非的一种思维或价值取向，对人的行为根本上起决定性作用。工匠精神的价值观是一种层次最高的文化形态，它需要国家最高层面的大力鼓励和实质性的长期激励，需要全社会的共同拥护和大力倡导，需要落地到全民自觉的行为，才能慢慢形成。有了极致的行为，有了相应的制度和文化，不仅可以传承和弘扬工匠精神，还可以培育出巨匠和大师，工匠精神就可以带来国民行为素养的提高和整个国家的繁荣富强。

（三）大数据与行为深化

在人类行为日趋多元化与经济社会发展日益复杂的交互演进过程中，大数据技术的出现、"互联网＋"时代的到来等极大地改变了人们的生存方式和自我认知，由此形成的对传统观念与理论认知方式的强烈冲击和挑战，对经济与管理研究乃至一切人文社会科学来说，也是极好的发展机遇。

将大数据技术聚焦在人类行为分析上，将使复杂的人类行为变得可被量化、洞悉和预知，有助于彰显经济研究的人本特性，尤其是新近发展起来的、真人主体参与的可控实验获取的行为特征及相应参数与大规模的计算机模拟相结合的计算实验，无疑会有力促进经济理论及相关学科研究的实质性创新和大跨度发展。

人类社会发展的本征和决定性因素是个性化的人的全面发展，微观主体的价值取向多元化和行为方式多样化是文明进程的必然趋势。当今网络社会中的人类行为特点较之于相对独立的决策个体发生了显著变化，传统经济理论体系中的单一行为假设对现实的滞后程度日益加深。人们的经济行为既不会遵循固定程式，也不是随机发生的，而是内生驱动和随条件演变的，具有在一定条件下分化、聚集、超过临界点后突然爆发或涌现（Emergence）的特点。通过全面分析和计算行为痕迹留下来的大量数据，原本难以捉摸的人类行为和复杂经济变得可以被量化、解析和洞见，甚至能被高精度地预知和把控。近年来蓬勃兴起的基于微观主体的计算经济学/金融（Agent – based Computational Economics/Finance；ACE/F）以及计算社会科学，通过捕捉、获取和处理有关人类行为与经济运行的大规模数据，以期获得对更为复杂经济现象的更深刻和更确切的理解。

现如今人类行为的价值多元化、方式多样化、结构过程易变和网络多连通性等，使得人们与外界和他人的互动频繁并加深，相应的观察体验、判断决策、结果反馈等认知分析过程延展，行为模式、传导机理、影响效果不断出新和更为繁杂，需要更好地记录和反映。因而，我们把能够全面、层次化、精细和动态地刻画、描述不同类型主体的行为和社会经济运行及现象的数据称为行为大数据，它具有多种获取方式和来源渠道（多源）、多样化的存在形式和表现形态（多态）、能够反映不同类型主体行为的差别性（异质）和不同的结构关联关系（异构）等特性。此处的定义不同于大数据的 3V（Volume，Variety，Velocity）或 4V（3V + Value）等侧重存在形态和一般属性的外象定义法，而是更侧重数据生成和本质属性的内因定义法，二者之间类似于内涵式与外延式定义方法的区别①。

以人的行为为基点，探讨深化经济研究与大数据及类似概念之间的内在关联，具有历史使然的规律性。大数据概念及相关技术的出现，是人类社会发展和科技进步的必然，具有鲜明的时代特征，其有效运用于经济学乃至人文社会科学研究的重要基础、主要功用及显著特色是观察行为表现、记录行为痕迹、展现行为过程和汇集行为结果的行为大数据。无论在学术研究上还是现实解释上，这都为中国经济理论的创新发展带来了强烈的冲击、挑战和机遇，大数据为人类行为的刻画分析开辟了新的通途，并有了实质性的大跨度提升，有助于深度挖掘经济学的本质含义，促使其回归本源，也有望在此基点上促使相关分支学科的分化、重构和整合，使经济与管理研究进入一个崭新的

---

① 此处所说的行为大数据，既不同于一般意义上的大数据，也不同于特指的用户行为大数据，而是更加强调以人为本、对各类主体的异质行为的全方位、全过程、精准化、分层次、关联式地记录和反映。

时代。

经济与管理研究不再只是将人的行为高度简化，在单一、恒定的极端理想化假设下直接借用自然科学的抽象建模、分析推理等方法，而是更加鲜活生动、更接地气地对人类行为数据进行分析，处理人类真实行为的关键特征，聚焦行为在不同类型转折点的临界骤变、权衡准则和方法、备选方案的替代比等。这更加符合人与自然交互中受外界环境条件变化约束的人类社会发展的历史规律和以人为本、以行为为主导的人文逻辑。

（四）行为的科学量化分析

对人类行为的量化和人职精准匹配，不可能像自然界事物点对点那样的精确分析和最优配置，而是序关系、区间对应、情景对接、包容性的集合运算和代数系统；表面上看起来可能是大差不差、多重解，其实是遵循了人类行为和社会发展的内在逻辑和历史逻辑；行为匹配讲的是人的行为属性、响应模式和变化范围与情景、与条件（组）之间的内生自适应调配。

从经典的泰勒科学管理实验说起，他提出了科学管理的五条可量化原则，其实也可看成行为的量化原则：

（1）工时定额化——劳动时间的量化，依此研究工人工作时动作的合理性，规定出完成每一个单位操作的时间，制定标准的劳动时间定额。

（2）分工合理化——对劳动方式的分类量化，选择合适的工人安排在合适的岗位上，并培训工人使用标准的操作方法，使之在工作中逐步熟练。

（3）程序标准化——工艺技术的量化，制定科学的工艺规程，使工具、机器、材料标准化和作业环境标准化。

（4）酬金差额化——把工人工作任务完成情况与工人工资收入相联系，实行具有激励性的可量化工资制度。

（5）管理职能化——将管理活动细化和尽可能地量化，使管理者与劳动者在工作中能衔接配合，以保证工作按标准的设计程序进行。

科学的管理无疑大大促进了工业化大生产时代的生产效率，但还应该看到的是，在社会化大生产和工业标准化年代，在生产物质产品的时候，劳动行为与可量化的产品可一一对应起来；而精神层面和更加复杂的行为活动，就不可简单的、严格的量化和仅运用演绎逻辑分析推理，需要有行为逻辑、历史逻辑、事实逻辑等更具有针对性的人文逻辑。所以，行为的科学量化是"科学＋人文"的计量分析处理方法。

（五）资源均衡配置与行为精准匹配

人们一谈起市场经济和市场均衡，似乎都认为是资源均衡配置或最优配置。其实，还有更深层的和更具决定性的含义与因素，是行为均衡。

先说什么是均衡，既有客观世界和自然界事物关系的平衡，也有经济与管理的利益制衡。再说商品交换、资金融通和一切要素的流动等，都是在人的行为的作用和支配下，都是为特定的人和群体的利益的增加服务的。一切社会经济现象和运行，都是人的行为过程和行为结果。要想实现资源最优配置，必须先要知道相应的行为要求是什么；要想达到市场上的资源均衡配置，必须要有消费者和生产者的行为均衡；要想有行为均衡，就必须有人职精准匹配。

传统理论和方法，不考虑同类生产行为或消费行为内的差别，选择代表性的行为方程作为生产函数或消费模型，而行为与实验经济学对经济与管理研究的启示和推动，就是异质性分析，重视差异性，更加细化和更具针对性，不仅要以人为本和以人性为中心，还要尊重个性、发现和引领个性、用好个性，为经济与管理研究唤回人文灵魂。

接着看什么是行为均衡，就是决策时的心理平衡，行动中关键时刻的把握到位，就业找工作时的人职（精准）匹配，管理中的措施与员工想象的相吻合……具体说是人力资源的合理配置：个人与组织的匹配、岗位匹配模式适用、心理契约平衡、公司绩效和发展战略与实施措施搭配合理；人力资源管理系统内的协同性，人力资源管理与环境、文化的相应性，但最核心和根基性的人职匹配是要超越基于单一化行为假设的单向的选人用人，要双向选择，人与企业和岗位"自由恋爱"。试想，人搞定了，在工作岗位上心情舒畅了，干劲足了，效率高了，哪还会有绩效上不去、资源配置不均衡的道理?!

三、人最大和首要的能耐是管好自己的行为

无论是政界官员的落马翻车，商场上老板的决策失误、失算，还是生活交往中的情感失利、伤心等，都是因为没有把握好自己行为才惹的祸。

图 3 - 3　企业文化

(一) 行为管理精要

对企业和员工来说，行为管理是一种通过提高团队成员行为素养和发展个人与团队能力为企业/组织带来持续性成功的战略性、整体性

管理程序，其核心是以人为本的自我管理。

（1）行为管理本质。行为管理源于人创造财富，创造财富是为了人的基本思想，是管理者与他们所管理的个人和团队共同执行的管理程序。它是基于自我约束合约而不是命令和制度的管理原则。行为管理建立在目标、知识、能力要求、工作进展和个人提升计划相一致的基础上，实现个人行为绩效与组织长期发展相一致。

（2）行为管理目的。行为管理通过在一个组织中公认的计划目标与能力要求匹配的框架中理解和实施对个体的行为管理，进而使整个企业和个人都得到更好的发展。行为管理在演化过程中逐步清晰和完善目标、对目标达成共识，用可能达成短期与长期目标性、局部与全局目标、时点与全过程目标一致的方法管理和发展人，企业与个人相互依赖、相互促进。行为管理的基本目标是：力图建立一种文化，使其中的个人与团队都对企业持续发展进步和自身技能、贡献及收益负责。

（3）行为管理范围。行为管理是一个顺其自然、人与外界环境和谐相处的管理过程，是关于如何管理一个团体或企业，而又能着眼和落地于每一个人的。行为管理不仅与管理者有关，也与企业中每个人都息息相关，其基础假设是管理者和团队成员共同分担责任、共享收益的观点。管理者和团队成员共同对行为结果和成长负责，在做什么和怎样做上取得一致，检测评价工作业绩以及采取相应行动。

（4）行为管理实现方式。围绕着员工和企业/团队的行为，在明确行为目的、通过适当的方法测评行为能力的基础上，简便易行又注重实效的行为管理方法，是本书中介绍的几类常用行为管理表格。

（5）行为管理原则。在逐步迈入分享经济、劳资共位时代，管理观念和传统方法的超越与提升的背景下，行为管理的主要原则可概括为：

1）将企业整体目标分解为部门、团队和个人的分项目标，并可有助于从基层向上逆向地分析实施整体目标；

2）鼓励个人行为的自我管理，激发内源性动力，实际执行中主要依靠各类成员的自我行为约束而不是权利控制或组织强制；

3）强调行为目标与实现方式上的一致性及不断改进[①]；

4）管理方式是信息共享、双向沟通、持续反馈，不断适时修正合作目标；

5）以利益相关方公认的目标作为标准来衡量和评价行为，采用尊重个性和差异性的多元化激励；

6）是注重长短期效应结合的可持续演化过程，其中企业与个人的行为相互反馈、相互影响、交错发展。

（二）中小企业的人本管理

时下，人才市场上求职者群中流传着这样的话：小企业看老板（团队），中企业看行业，大企业看文化。由此引申出一个问题：中小企业及管理有没有自己的特色，有没有必要专门研究，适不适合用一般的企业管理理论和方法来指导，自己的道路该如何走？

我们认为，中小（微）企业的主要和显著特色在于：最能够和最应该体现人本管理。人本管理是把员工作为企业最重要的资源和立身强身之本，以员工的能力、特长、兴趣、心理状况等综合情况科学地安排最合适的工作，并在工作中充分地考虑到员工的个性特长、成长和价值，使用更具针对性的科学管理方法，通过全面的人力资源开发计划和企业文化建设，使员工能够在工作中充分地调动和发挥积极性、主动性和创造性，从而提高工作效率、增加工作业绩，为达成企业发展目标做出最大的贡献。中小（微）企业先天性地与员工的联系更紧密、更接地气，实行人本管理有更便利的通道，能更直接地见效。

企业无论大小，做强就好；产品无所谓高端低端，做精就好！与现代企业制度和管理相比，在中小（微）企业的经营管理活动中，人的因素更突出、更关键、更直接，所以，更应该在人上面多下功夫，多研究研究人的行为。这些在企业的发展目标、关注重点、管理方式和结果评价等方面都会充分地体现。

---

① 现行的许多企业采用的 KPI 和 BSC 其实都属于行为管理，只是应该注意到，一味地、过度地强制性管理，与企业发展和管理初衷偏离，而且长期效应导致最终可能是违背预期目标的。

如何在管理实践中实现人本管理，一个具体的、可操作性强的做法用下列公式展示：

员工个性×一般行为能力向量表 $\xrightarrow{\text{匹配对应}}$ 岗位能力企业需求向量表×企业特色修正系数。

（三）行为目标与实现能力的匹配

一般说来，目标与能力、个人愿望与实际能力的匹配方式和程度，就是行为能力的适合度，这是个性化的，对不同的人、不同的事，能力适合度是不同的，据此评判一个人是否眼高手低，是否能踏踏实实地做事，完成指派任务的可能性有多大等？

能力适合度主要考察：能力与职业的匹配；个性潜力与职业岗位的适合度；员工行为绩效与组织发展目标的吻合匹配。而我们研发的人职精准匹配及相应的系列产品，表现为行为能力与岗位需求的匹配，更深层的是考虑和融入了员工与企业/团队的价值观、文化风格和行为习惯相适配，而且是可动态调整的。

让我们看看梦想与能耐的关系，即构想描绘目标与实现梦想的能力之间应如何匹配。拥有梦想只是精神层面的构建，实现梦想才是现实层面的能力。人人都渴望成功，可有太多的人都折在路上，这类折在路上的人或许从一开始就不知道从何下手，不知道自己的能力结构和个性特长及潜力何在。其实，渴望成功的人也许并不缺创业激情、拼搏的热情和勇气，只是忽略或看不清自己抵达成功的能力。从经济理论上说，有了最优化的理性目标，未必有相应的决策行为能力，若直接将它们等同起来，就是幼稚，是技术偏爱，是价值取向使然。

就企业与员工的关系而言，企业怎么看待员工，员工就会以什么样的身份及相应的行为方式对待企业：企业把员工当主人和人才，员工就会把企业当作家、把工作看成是事业；若企业仅把员工看成雇员和交换要素，员工也就只能是挣钱的机器和工具，这是必然的。如何才能让员工个人的目标与企业的目标融合一致呢？这就需要明确的内容（目标，做什么）、清晰的边界（程度，边界）、落地的方式（如何做）与和谐的关系（人际交互，对外界的响应）等贯通一致的精准匹配理念和做法。

对创客、创业和创新者来说，究竟我适合创什么，怎样创成功率才会更高一些？具体来看现实中创新能力与实现条件和机遇的匹配，看创业、创新、创客与个性优势是否相应，创业（创新、创客）成功，就是看准了机会，找对了自己的能力与现实条件的匹配点，是个性优势在相应条件下的猛然爆发和突出表现，以及持续地释放能量。

至于行为匹配的方式、算法和数据方面的问题，在数据挖掘、自动化和人工智能等学科领域中有专门的研究。仅就数据量看，粗略地说，原有的单一行为假设下的理论方法，对行为匹配的数据处理量仅有 $1 \times m$ 个单位，m 为企业和岗位的分项能力的维数；若考虑求职者和员工的多元（n 维）行为属性和能力，此时双向匹配的数据处理总量就可达到 $n \times m$ 个单位，数据处理量陡增 $(n-1) \times m$ 倍，这自然要与大数据关联起来，也就自然地提出要有更具针对性的、更加专业的行为大数据分析处理技术的需求。

人文社会科学研究和管理实践中的微观与宏观、个体与组织及个量生成总量的内在关联，既要借鉴统计物理和工程实施等自然科学和技术的分析方法，还需要注意到，或许更为重要，自然界事物的变化具有稳定的内在规律支配（必然的/随机的），与此不同，人的行为有目的、有意识、有适应性和内生异质性，不同的主体有多元化的人生目标和价值取向，有差异的预期、信息处理能力、行为响应模式和执行力等，宏观现象的生成和变化就不可能是唯一、确定和最优的，复杂情景下人的行为尤其如此。

（四）行为配方

配方的本意是指多元混合事物中各组成部分搭配的方式和比例，而行为配方是指个人行为与企业/组织活动中的自身到位及相互协调，要提供行为精准匹配的解决方案。

行为配方是提供行为管理的具体做法。通过行为管理，我们能够体察人心，激发人心，凝聚人心，引领人心，懂人性、有活力、聚才气，用内源和内生性动力，推动和迎来企业的大发展。

行为和情景条件的变化是复杂的，行为能力的精准测评和匹配是困难的，但从人力资源管理与英才成长（人的全面发展）的角度看，行为配方可以为企业和员工框定范围、确立方向、明了做法、看到收效和希望。在管理实践中要有意识地寻找、建立起"事项—行为"的对应表格，遇到何种情况和条件变化，自然地就会有什么行为应对，并有意识地逐步养成和演变为自觉的行为，那我们的行为管理就成功了，员工就不愁自己的收入低了，企业也不要担心绩效上不去了，社会也不会不和谐了。而对员工个人的职业生涯规划来说，简便而有效的方法是排除法：先不要盲目地做哪些可能不适合自己做的事，在能力可行可及范围内分步、分阶段地找到更适合自己干的事情和职业。

简单概括一下，行为配方是：

（1）比较清楚地知道自己是哪块儿料，自己的个性特长及潜力在哪儿。

（2）大概知道什么样的岗位、什么情况下自己该怎么做。

（3）尽量避免做不适合自己做的事。

（4）要注意自己的目标和行为与外界（他人）的相容性，与企业/团队目标的吻合。

（5）以合适的方式不断提高自身能力，稳步找到更适合发挥自己特长优势的职业岗位。

尤其要把握好关键时点和重大事件上的行为表现和行为管理。风平浪静时显不出舵手驾驭航船的真实本领，平坦大道上看不出司机开车的技术有多高，只有在关键时刻、特殊情况下做对了，才更能考验出一个人的能力特色，进而把握好自己的行为；行为配方开对了，主体的行为均衡了，才有可能资源配置均衡，希望每个人都能找到自己的行为配方。

实行员工的自我行为管理，员工会很自然而然地将个人利益与企业绩效、个人目标与企业目标有机融合，这是行为管理的应有之义；企业呢，把合适的人放在适合的位置上，放手放心地让员工自己管理自己，是对员工最大、最有效的激励。如此，才能真正、彻底地实现员工成长与企业发展的双重目标。

　　什么理性智慧，什么高新科技，都是人创造和为人所利用的；什么政商要人，什么首富大鳄，其实也很稀松平常；什么名人奇人，什么新事怪事，其实就那么回事；什么制度信息，什么融资配资，脱离开人的行为，就什么作用也起不了、什么也说不上了……有了行为视角的自我认知、自我管理，就不会单以成败论英雄，就不会甘心以单一行为的理论假设来解释复杂的真实世界，就会减轻沦为"剁手党"、"低头族"的当今社会行为异常。无论是平凡小事，还是轰轰烈烈的事业，都是人在做，只要把行为管好了，在自己的位置上和面临的情况中，把该做的事情做好了，什么人间奇迹都能创造出来！

参考文献

［1］阿姆斯特朗．企业行为管理实用战略手册［M］．重庆：西南财经大学出版社，2004．

［2］黄鸿涯．世界500强员工玩的思维游戏［M］．北京：北方妇女儿童出版社，2010．

［3］高欣，潘德良．员工个人主动性研究对管理实践的启示［J］．中外企业家，2014（23）：115．

［4］李心丹，刘海飞．行为视角下创业家个性特征、管理能力与公司绩效研究［C］．第五届中国金融学年会论文集，2008．

［5］列纳德·蒙洛迪诺．潜意识：控制你行为的秘密［M］．赵崧惠译．北京：中国青年出版社，2013．

［6］马仁杰，王荣科，左雪梅．管理学原理［M］．北京：人民邮电出版社，2013．

［7］潘晓霞．企业家性格、合作伙伴类型与企业绩效：基于浙江中小企业的实证研究［D］．浙江工业大学硕士学位论文，2014．

［8］谭小宏．谈价值观匹配在企业人力资源管理中的应用［J］．商业时代，2012（2）：91－92．

［9］杨扬．企业家异质性与企业绩效——基于我国中小企业的实证研究［J］．技术经济与管理研究，2015（6）：44－48．

［10］张国君．员工主动行为对人力资源管理的启示［J］．合作经济与科技，2015（18）：94－96．

［11］周晓美．匹配知觉理论在人力资源管理中的应用［J］．人

力资源管理，2013（10）：50－52.

[12] Duckworth, A. L. and M. E. P. Seligman. Self – Discipline Outdoes IQ in Predicting Academic Performance of Adolescents [J]. Psychological Science, 2005, 6（12）：939－944.

[13] Mischel, W. The Marshmallow Test: Mastering Self – control [M]. New York, NY: Little, Brown, 2014.

[14] Parker, S. K., & Collins, C. G. Taking Stock: Integrating and Differentiating Multiple Proactive Behaviors [J]. Journal of Management, 2010（36）：633－662.

[15] Philpott, L., and L. Sheppard. Managing for Improved Performance, in M. Armstrong（Eds.）[M]. London, UK: Kogan Page, 1992.

[16] Wright P. M. & W. R. Boswell. Desegregating HRM: A Review and Synthesis of Micro and Macro Human Resource Management Research [J]. Journal of Management, 2002, 28（3）：247－276.

[17] 百度图片，http://image. baidu. com/.

[18] 壹心理网，http://www. xinli001. com/.

[19] Career and Personality Tests to Help You Find the Right Job [EB/OL]. http://jobsearch. about. com/cs/personalitytests/a/personalitytest. htm.

[20] What career is right for me [EB/OL]. http://careersoutthere. com/about/.